ZHISHENG
ZHI DAO

制胜

之道

总主编
曹健华

坚持胸怀天下

JIANCHI XIONG HUAI TIANXIA

湖南教育出版社 · 长沙

总　主　编　曹健华

副总主编　吴厚庆　蔡文辉　刘　艺

编　委　会　（按姓氏笔画排序）

王　晔　王　蔚　王海峰　艾医卫　伍先禄　刘　艺

刘新民　李美玲　吴厚庆　何良安　易　武　胡新良

曹健华　谢兵良　蔡文辉　霍修勇

本册主编　伍先禄

本册副主编　周　觅　陈琼瑛

本册作者　伍先禄　刘　艺　周　觅　陈琼瑛

序　言

中国特色社会主义进入新时代，以习近平同志为主要代表的中国共产党人坚持把马克思主义基本原理同中国具体实际相结合、同中华优秀传统文化相结合，坚持毛泽东思想、邓小平理论、“三个代表”重要思想、科学发展观，深刻总结并充分运用党成立以来的历史经验，从新的实际出发，创立了习近平新时代中国特色社会主义思想。为贯彻落实习近平新时代中国特色社会主义思想，党中央就学习党的历史、总结历史经验作出了一系列重大部署。

2021年2月20日，党中央启动党史学习教育，要求全党同志做到学史明理、学史增信、学史崇德、学史力行，学党史、悟思想、办实事、开新局，以昂扬姿态奋力开启全面建设社会主义现代化国家新征程，以优异成绩迎接建党100周年。7月1日，习近平总书记在庆祝中国共产党成立100周年大会上发表重要讲话，回顾了党的百年历史、总结了伟大成就、提出了“九个必须”的根本要求。11月8日至11日，党的十九届六中全会召开，审议通过的《中共中央关于党的百年奋斗重大成就和历史经验的决议》提出：一百年来，党领导人民进行伟大奋斗，在进取中突破，于挫折中奋起，从总结中提高，积累了宝贵的历史经验。这就是坚持党的领导，坚持人民至上，坚持理论创新，坚持独立自主，坚持中国道路，坚持胸怀天下，坚持开拓创新，坚持敢于斗争，坚持统一战线，坚持自我革命。以上十个方面，是经过长期实践积累的宝贵经验，是党和人民共同创造的精神财富，必须倍加珍惜、长期坚持，并在新时代实践中不断丰富和发展。

中国共产党全面总结党的百年奋斗重大成就和历史经验，对推动全党进一步统一思想、统一意志、统一行动，团结带领全国各族人民夺取新时代中国特色社会主义新的伟大胜利，具有重大现实意义和深远历史意义。决议有助于党员干部增强“四个意识”，坚定“四个自信”，做到“两个维护”，捍卫“两个确立”。当前和今后一段时间，学习宣传阐释党的十九届六中全会精神是一项重要政治任务，广大理论工作者尤其是党校理论工作者必须在这一关键时刻担当使命，积极作为。正是因为有了这种责任感和使命感，中共湖南省委党校（湖南行政学院）、韶山干部学院在党的十九届六中全会召开后就积极行动起来，校（院）委第一时间传达会议精神，专家学者们在湖南卫视、湖南经视、红网等主流媒体进行解读，13 位省委党校的专家学者入选湖南省十九届六中全会精神宣讲团。为了给广大党员干部提供鲜活的学习教材，省委党校、韶山干部学院发挥师资力量雄厚、研究基础良好、善于团结协作的优势，编辑出版了“制胜之道”丛书。

该丛书以习近平新时代中国特色社会主义思想为指导，对《中共中央关于党的百年奋斗重大成就和历史经验的决议》提出的十条历史经验进行全面系统深入学习研究。丛书对标决议原文、立足百年党史、着眼重大成就，以宏阔的视野阐释百年历史经验，包括其重大意义、形成条件、基本内涵、实践基础、时代要求等内容，力求用活泼的语言表达深邃的思想、用严谨的逻辑彰显理论的魅力、用生动的案例印证历史的规律，做到权威性、理论性、可读性、趣味性有机融合，使之成为一套雅俗共赏的丛书，引导党员干部和广大人民群众学原文悟原理，切实汲取历史智慧、洞悉历史规律、掌握历史主动，进一步增强党史自信，旗帜鲜明抵制历史虚无主义，真正实现正本清源、固本培元。

回首来时路，我们热血沸腾、心潮澎湃。眺望前行路，我们壮志在胸、豪情满怀。让我们更加紧密地团结在以习近平同志为核心的党中央周围，勿忘昨天的苦难辉煌，无愧今天的使命担当，不负明天的伟大梦想，以史为鉴、开创未来，全面落实“三高四新”战略定位和使命任务，为全面建设富强民主文明和谐美丽的社会主义现代化新湖南不懈奋斗！为实现中华民族伟大复兴的中国梦奋勇前进！

编者

2022 年 1 月

前　言

回望过往历程，眺望前方征途。党的十九届六中全会审议通过的《中共中央关于党的百年奋斗重大成就和历史经验的决议》把“坚持胸怀天下”确定为党在百年奋斗中积累的十大宝贵历史经验之一，并进行了专门的总结。

“坚持胸怀天下”源于马克思主义理论、中华优秀传统文化和中国共产党人的国际主义情怀。青年时代的马克思就对自己的远大志向有这样的认识：如果我们选择了最能为人类而工作的职业，那么，重担就不能把我们压倒，因为这是为大家作出的牺牲；那时我们所享受的就不是可怜的、有限的、自私的乐趣，我们的幸福将属于千百万人。中国共产党一成立，就把实现共产主义作为最高理想和最终目标，坚持从宏阔的时空维度思考民族复兴和人类进步的深刻命题。毛泽东指出，中华民族是有“人类正义心的伟大民族”。邓小平提出，中国的问题，也等于五分之一的世界问题。习近平总书记强调，我们所做的一切都是为人民谋幸福，为民族谋复兴，为世界谋大同。中国共产党人始终是中国优秀传统文化的忠实继承者和弘扬者。在中华优秀传统文化的滋养下，中国共产党顺应时代发展潮流、把握人类进步大势、顺应人民共同期待，志存高远、敢于担当，为世界和平安宁、共同发展、文明交流互鉴作出重要贡献。

当今世界正经历百年未有之大变局，全球正处在大发展大变革大调整的时代，冲突与和平、战乱与发展同时存在。在应对“人类社会向何处去”这样的全球性问题时，任何人、任何国家都无法置身事外或者独善其身。民族中心主义的自私自利观念，霸权主义、强权政治、以邻为壑等政策主张和政治实践只能给世界各国和人类社会带来无穷弊端和深重灾难。人类是一个整体，地球是一个家园。中国共产党将继续秉承“以天下为己任”的崇高理念，坚持推动构建人类命运共同体，不断为建设一个持久和平、普遍安全、共同繁荣、开放包容、清洁美丽的世界贡献智慧和力量。

目　录

第一章

坚持胸怀天下的思想渊源

中国共产党一经成立，就把实现共产主义作为党的最高理想和最终目标，把为人类和平与发展贡献力量作为自己的追求。百年大党的天下情怀有着深厚的思想渊源，这就是中华优秀传统文化基因、马克思主义共同体思想等理论以及中共领导人的国际战略思想。

一、中华优秀传统文化基因

中国共产党是中华优秀传统文化的忠实传承者。1938 年 10 月，毛泽东同志在党的六届六中全会上指出，我们是马克思主义的历史主义者，我们不应当割断历史。从孔夫子到孙中山，我们应当给以总结，继承这一份珍贵的遗产。中华优秀传统文化价值观中的“天下为公”“见利思义”“克己复礼”“协和万邦”“和而不同”等思想是中国共产党人胸怀天下的文化源泉。

1.“天下为公”思想

“天下为公”出自《礼记·礼运》。原文如下：

大道之行也，天下为公，选贤与能，讲信修睦。故人不独亲其亲，不独子其子，使老有所终，壮有所用，幼有所长，鳏、寡、孤、独、废疾者，皆有所养。男有分，女有归。货恶其弃于地也，不必藏于己；力恶其不出于身也，不必为己。是故谋闭而不兴，盗窃乱贼而不作，故外户而不闭，是谓大同。

“天下为公”既是中华民族先祖的价值追求，又是中华民族“天下观”的核心要义。天下何以为公？这主要是基于“天下乃天下人之天下”的认知。儒家尧、舜、禹之三代理想就是禅让制，其背后价值理念支撑即是天下为公。天将天下赋予天子，非为天子一人，而是为天下之万民。正如《孟子》所言：“万章曰：尧以天下与舜，有诸？孟子曰：否。天子不能以天下与人。然则舜有天下也，孰与之？曰：天与之。”天子不得将天下私视为己有相授受，必须以德配天，德位相配，其使命是“敬德保民”。①

而任何政权要稳固，就要得民心。“得民心者得天下，失民心者失天下。”江山就是人民，人民就是江山。在中国文化中，天下、民心、公正就这样紧密联系起来了。中国古圣先贤相信“民胞物与”“人同此心，心同此理”。“大道之行也，天下为公”的天下主义理念所体现

① 张城．大道之行 天下为公：中国古人的大同理想［N］．学习时报，2020-01-17（07）．

的公正思想，是可以超越不同文化、不同地域的全人类共同价值理论。“天下”观念超越了近代以来西方威斯特伐利亚体系所形成的以民族国家为价值思考单位的国家界限，是具有普遍价值的中国智慧。

中国古代之“天下”虽不同于今日之“天下”，但“天下为公”“天下乃天下人之天下”的道理是一样的。只不过当今世界，单边主义、霸权主义和霸凌主义依然存在。国际社会应该有的公平正义原则还受到多方面的挑战。中国作为最大的发展中国家和负责任大国，始终站在历史正确的一边，站在人类进步的一边，在国际社会坚持主持公道、伸张正义，并提出了自己的方案。这就是习近平总书记指出的“要引导国际社会共同塑造更加公正合理的国际新秩序”。显然，“塑造更加公正合理的国际新秩序”是中国共产党人对“天下为公”理念的时代传承，为全球治理提供了中国智慧。

2.“见利思义”思想

“见利思义”是中国传统道德处理群己关系的一条基本行为准则，是中华民族重要的传统美德。最早见下文：

子路问成人。子曰：“若臧武仲之知，公绰之不欲，卞庄子之勇，冉求之艺，文之以礼乐，亦可以为成人矣。”曰：“今之成人者何必然？见利思义，见危授命，久要不忘平生之言，亦可以为成人矣。”（《论语·宪问》）

在中国古代思想史上，义利之争是一个热门话题。儒家的义利观主要是重义轻利。这种观点体现在孔子、孟子、荀子和董仲舒等思想家的著作中。在中国上下五千多年的历史长河中，儒家义利观代表了中国古代“义利之辨”的主流思想。

孔子有感于“礼崩乐坏”时代人们扭曲的义利观对社会秩序的破坏，在综合前人的思想资源的基础上，提出以仁为核心的伦理思想体系，“见利思义”是这一思想体系的主要内容。孔子的义利观有许多经典的表述。比如：“君子义以为上”（《论语·阳货》）；“君子喻于义，小人喻于利”（《论语·里仁》）；“不义而富且贵，于我如浮云”（《论语·述而》）；等等。

孟子是儒家思想的集大成者，在义利观上，他继承和发展了孔子的思想。孟子的主要成就为提出仁、义等德目。孟子认为，从人性论来看，人的本性为善。人的本质就含有“仁义”的元素。孟子提出：“仁义礼智，非由外铄我也，我固有之也”。原文如下：

恻隐之心，人皆有之；羞恶之心，人皆有之；恭敬之心，人皆有之；是非之心，人皆有之。恻隐之心，仁也；羞恶之心，义也；恭敬之心，礼也；是非之心，智也。仁义礼智，非由外铄我也，我固有之也，弗思耳矣。故曰：“求则得之，舍则失之。”（《孟子·告子上》）

孟子把“义”的重要性提到了非常高的位置，即“义”的重要性高于人的生命。人为了正义或名节可以牺牲自己的生命，即所谓“舍生取义”原文如下。

生，亦我所欲也，义，亦我所欲也，二者不可得兼，舍生而取义者也。（《孟子·告子上》）

在义利关系上，儒家并非排斥“利”，但强调要见利思义。儒家思想家们也看到了不同的人对于义利观会有不同的接受程度。若要求普通人都能够接受“义以为上”这样的高标准要求，恐怕也不现实。于是，有必要给人们不同的选择。与“义以为上”“舍生取义”相比，“见利思义”则是可以被大多数人接受的观点。

今天，中国在处理与他国的利益关系时不搞你死我活的“零和”博弈，不搞“赢者通吃”，而是坚持互利共赢的原则。这就是对“见利思义”思想的传承和发展。

2013 年 3 月，习近平主席访非期间首次提出正确义利观。同年 10 月，我国举行首次周边外交工作座谈会，正式提出以“正确义利观”作为中国构建与周边国家以及广大发展中国家合作共赢的新型国际关系指针。对于“正确义利观”，习近平总书记曾这样阐述：

义，反映的是我们的一个理念，共产党人、社会主义国家的理念。这个世界上一部分人过得很好，一部分人过得很不好，不是个好现象。真正的快乐幸福是大家共同快乐、共同幸福。我们希望全世界共同发展，特别是希望广大发展中国家加快发展。利，就是要恪守互利共赢原则，不搞我赢你输，要实现双赢。我们有义务对贫穷的国家给予力所能及的帮助，有时甚至要重义轻利、舍利取义，绝不能唯利是图、斤斤计较。

全球化让世界各国命运与共、利益相连。如何平衡不同的利益诉求？正确的义利观给出了最好的答案。

“人类只有一个地球，各国共处一个世界。共同发展是持续发展的重要基础，符合各国人民长远利益和根本利益。我们生活在同一个地球村，应该牢固树立命运共同体意识，顺应时代潮流，把握正确方向，坚持同舟共济，推动亚洲和世界发展不断迈上新台阶。”① 正确义利观以各国共处地球村成为一个命运共同体为基本的价值视角，主张超越利益关系的对抗去发现和寻求共同利益与根本利益而实现共生共赢。“各国要树立命运共同体意识，真正认清‘一荣俱荣、一损俱损’的连带效应，在竞争中合作，在合作中共赢。”② 因此各国要充分发挥比较优势，共同优化全球经济资源配置，建设利益共享的全球价值链，培育普惠各方的全球大市场，

---

① 习近平. 共同创造亚洲和世界的美好未来［N］. 人民日报，2013-04-07（01）.

② 习近平. 共同维护和发展开放型世界经济［N］. 人民日报，2013-09-06（02）.

实现互利共赢的发展。

总之，正确义利观是对“见利思义”这一中华优秀传统文化价值观的时代传承，是中国共产党胸怀天下的表现。在正确义利观的指引下，中国对外经济交往不仅给本国人民，而且给他国人民和世界人民带来更多福祉。

3.“克己复礼”思想

在《论语》一书中，孔子多次谈到礼。在《八佾》中，孔子说，“君事臣以礼，臣事君以忠”，希望国君要以礼节对待臣，不要傲慢，要尊重臣的人格，不要随意，注意保持君主的尊严。在《为政》中，孔子说，“道之以政，齐之以刑，民免而无耻；道之以德，齐之以礼，有耻且格”，指出统治者用“德”与“礼”相结合，才能建立起一个良善的社会。在《泰伯》中，孔子说，“兴于诗，立于礼，成于乐”，指出一个读书人既要学诗，又要学礼，还要认真学习音乐，这样才算是合格的读书人。而最能体现孔子“礼”的思想的，是《论语·颜渊》中的一段：

颜渊问仁，子曰：克己复礼为仁。一日克己复礼，天下归仁焉。为仁由己，而由人乎哉？颜渊曰：请问其目？子曰：非礼勿视，非礼勿听，非礼勿言，非礼勿动。颜渊曰：回虽不敏，请事斯语矣。

“克己复礼，天下归仁”是这一段文字的核心思想。“克己”就是约束自己，自我反省，甚至自我革命。如果社会上人人都照着礼的要求去做，这就实现了仁。一旦这样做了，天下的一切就都归于仁了，就能实现孔子提出的“君子敬而无失，与人恭而有礼，四海之内皆兄弟也”（《论语·颜渊》）的理想状态。

“克己”的前提是建立“礼”。没有规矩，不能成方圆。大家都遵守规矩，整个社会的良好秩序才能建立。“礼”指的是对人们的行为起约束作用的约定俗成的习俗、规范、制度等。儒家提出了“五常”，即“仁义礼智信”。这里的“仁”“义”是对人的内在要求，其在社会伦理的实现上要靠“礼”来规正，而“智”与“信”则是一个人达到懂礼和尊礼的主要途径。

中国古代文化强调“家国同构”，这样，人际交往的“礼”也同样适用于国际交往。荀子提出，“人无礼则不生，事无礼则不成，国家无礼则不宁”（《荀子·修身》）。

中国是礼仪之邦。以“礼”待人是中国奉行的外交伦理。以古代中国与藩属国共同构成的“华夷秩序”有着悠久的历史。但古代中国即便是对待藩属国也是以“礼”相待，奉行“薄来厚往”的原则。当然，这种原则在今天的国际交往中已经不合时宜了，但其体现的礼仪原则仍有时代价值。

“克己复礼，为仁，一日克己复礼，天下归仁焉。”克制自己，一切都照着礼的要求去做，这就是仁。一旦这样做了，天下的一切就都归于仁了。今天，中国已经正视自己的世界大国地位，毫不回避自己所应承担的国际责任，不再仅仅强调寻求中国自身的和平发展，而是以“负责任大国”的自我定位努力推动整个世界的和平发展。

国际社会实际上是处于“无政府”状态的社会。国际交往尤其需要注重礼节。彬彬有礼，是西方绅士的标志；注重礼节，是中国古代君子的标志。一方面，人类需要交往，相互尊重是交往的前提。礼节是基于平等原则下的相互给予的尊重待遇。另一方面，人类面临共同的挑战，比如：气候变化、生态保护、资源保护与开发、海洋环境保护等问题。处理好这些问题既需要各国携手合作，更需要尽好自己的责任，而尽责意味着“克己”。因为只顾自己的需要，不顾别人的需要，是对别人的不公道，最终也使自己的需要得不到保障。

中国共产党胸怀天下的一个伟大之处就是“克己”以利天下。在应对全球气候变化的问题上，中国政府主动向世界承诺减少碳排放，列出了实现“碳中和”“碳达峰”的具体时间表。中国是世界核大国，也是世界上唯一对外承诺不首先使用核武器的有核国家。中国共产党这种自我约束完全是出于对人类的安全和长远发展负责。

在21世纪的今天，中国在对外关系实践中，从来不把本国的意志强加给他国，而是本着平等、协商的原则，注重倡导和引导，如：“一带一路”倡议。中国以尊重他人的方式而不是霸道和威胁的方式向他国表达我们的想法，让他国以及国际社会感受我们的诚意和胸襟，然后再欣然接受我们的想法。这就是“克己复礼”思想在今天的传承。事实证明，中国注重以“礼”为规范的外交风格得到了越来越多国家的赞赏，中国的“朋友圈”遍及全天下。

4.“协和万邦”思想

“协和万邦”一词出自《尚书·虞书·尧典》，即“克明俊德，以亲九族。九族既睦，平章百姓。百姓昭明，协和万邦”。意思就是，首先要治理好自己的宗族，然后才能治理好自己的国家，最后促进各国之间团结起来。

“协和万邦”思想体现在中国许多外交理念中，如和平共处五项原则、不结盟政策、正确义利观、人类命运共同体理念等。这种思想不仅适合过去的中国与世界，也适合现在和将来的中国与世界。

“协和万邦”的含义不仅指我们中华民族爱好和平，更多的是指各国之间团结协作、合作共赢的理念。习近平主席多次在国际会议上强调：“自古以来，中国先贤在对待民族、邦国的关系上，倡导以‘协和万邦’即和平共处为邦交原则，以‘天下大同’即共同社会理想为追求目标。"[1] 这充分体现了我们中华文化的精神传承。在全球一体化的今天，世界已经成为一个命运紧密相连的共同体，"没有哪个国家能够独自应对人类面临的各种挑战，也没有哪个国家能够退回到自我封闭的孤岛[2]"。

2013 年习近平总书记提出的"一带一路"倡议，就是中国为构建人类命运共同体而提出的重大举措，体现了我国"协和万邦"的国际观和立己达人谋大同的胸怀。"一带一路"倡议不仅是一种经济合作倡议，更是一种中华文化价值观的对外展示，即"和平合作、开放包容、互学互鉴、互利共赢为核心的丝路精神"[3]。"一带一路"倡议为国际交往树立了标杆，贡献

---

① 习近平. 领导干部要读点历史［N］. 学习时报，2011-09-05.

② 习近平. 决胜全面建成小康社会 夺取新时代中国特色社会主义伟大胜利：在中国共产党第十九次全国代表大会上的报告［R］. 北京：人民出版社，2017：58.

③ 习近平. 携手推进"一带一路"建设：在"一带一路"国际合作高峰论坛开幕式上的演讲［N］. 人民日报，2017-05-15(03).

了中国智慧。

5.“和而不同”思想

“和而不同”是中华传统文化的基本精神。中国文化是“和”文化，强调人与自然、人与社会、人与自身的和谐共处。中国“和”文化的核心思想就是“和而不同”。作为人际交往的伦理价值观，“和而不同”反映了中国人对于不同文化的“异质性”的包容态度，是中国文化之所以延续至今的奥妙所在。如今，以和为贵、和睦共处、和谐发展等理念在中国已经深入人心，成为人际交往合作的重要伦理准则。当今世界各国文化不同、种族不同、意识形态不同，这些不同点不应该成为各国交往合作的障碍，而应该成为各国交往合作的基础。因为差异性是世界的本来面貌，也是世界丰富多彩的体现。

首先，“和而不同”就是要尊重多样性。尊重和包容多样性是中国文化的特点之一。这也是中西文化的主要不同点。西方文化对于差异性的态度主要是排斥。西方国家的结盟政策就是强调所谓共同的价值观。他们为此还提出了自己的理论，即所谓“民主国家不会发生战争”。这种打击“异端”和尚“斗”的思维定式与中国文化的尚“和”精神是截然不同的。美国奉行的单边主义外交策略就有着西方尚“斗”的文化根源。世界是多样性的世界，这是不以人的意志为转移的客观事实，如果各国交往秉持“非我族类，其心必异”的原则交往，党同伐异，这个世界必将是纷争不断，国际社会的和平将会受到严重挑战。唯有尊重差异，尊重多样性，才能推动各国共同发展、和谐发展，因为“和实生物，同则不继”是事物发展的规律。

其次，“和而不同”就是强调和平相处。国与国之间，无论大小、强弱、贫富，无论制度、文化、发展方式如何，都是国际社会的平等成员，彼此应该平等相处。这种平等性地位既是国际组织和国际协议条件存在的基础，也是各国交往的基础。中国文化强调“协和万邦”，中国在世界上率先提出的“和平共处五项原则”，已经被国际社会所接受。没有和平共处，就没有和平发展，就没有友好合作，就没有践行“正确义利观”的条件。

再次，“和而不同”就是强调求同存异。国家之间的不同是客观存在，但这并不妨碍彼此开展合作。这种合作就是要寻求彼此的共同点和利益的交汇点。这就需要彼此拿出诚意来求同存异。虽然国家之间有很多不同点，但国家之间仍然存在很多共同点。这也是客观存在的事实。从价值观来看，世界各国存在很多的共同点，比如：世界各国人民普遍追求人权、民主、正义、和平、发展，普遍反对战争、落后、不公、贩毒，等等。习近平主席于 2015 年 9 月 28 日出席第七十届联合国大会一般性辩论并发表重要讲话。他提出，和平、发展、公平、正义、民主、自由是全人类的共同价值。从人类面临的挑战来看，各国之间也存在很多共同利益。比如：环境恶化、网络安全、反恐、打击有组织犯罪等。因此，各国若遵循“和而不同”的交往原则，就一定能够找到彼此的共同点。

二、马克思主义的相关理论

中国共产党以马克思主义的辩证唯物主义和历史唯物主义为哲学根基和价值本源,以生产力与生产关系、经济基础与上层建筑的矛盾运动为逻辑主线，以人类的普遍交往和世界历史理论为现实思考，以实现“自由人联合体”的共产主义为终极价值目标，关切和思考人类社会、探索人类社会发展规律，成就自身胸怀天下的品格，彰显马克思主义政党的特质。

1. 马克思的共同体思想

在《1857—1858年经济学手稿》中，马克思描述了人类共同体发展的三个阶段：自然共同体（第一阶段）、抽象共同体（第二阶段）、真正共同体（第三阶段）。马克思指出，第一阶段是人与人之间相互依赖的自然共同体。在这个阶段，人类因为亲缘关系、地理联系等因素而形成朴素的共同体形态。这种共同体可以让个体的生存与发展得到一定的保护，但也影响了个体的能力与创造力的发挥，因为在这个共同体中，个体的存在是为了保卫共同体的整体利益。第二阶段，马克思称之为人对“物”产生依赖的抽象共同体。人类社会生产力的日益发展，使得人们逐渐被“物”所控制，人的价值与“物”的价值绑定在一起，导致人自我价值的迷失，人与“物”成为对立统一的扭曲整体。第三阶段，是人类发展的高级阶段，因而，马克思称之为真正共同体。此时，人类个体都能在其中得到自由全面发展。在经历了前两个阶段之后，人类社会建立了开明的社会制度与现代的运行环境，人对“物”的依赖逐渐减弱，人类迎来了自我的解放，实现了共产主义。

马克思是以生产力与生产关系的发展变化为主线，提出了人类的三种共同体的动态范本，并指出人类最终的发展趋势，即实现全人类的解放的共产主义理想。在《1844 年经济学哲学手稿》中，马克思指出“这种共产主义……是人和自然界之间、人和人之间的矛盾的真正解决”[①]。这说明，他已建构起了从原始共同体到真正共同体的理论体系，力图在现实实践的基础上实现每个人类个体的自由全面发展。

马克思以前所未有的人文关怀来思考人类未来的出路，其根本诉求就是实现人的解放，

---

① 马克思恩格斯全集：第 3 卷［M］. 北京：人民出版社，2002：297.

无论是“真正共同体”还是“自由人的联合体”，都体现了马克思主义博大的人类学视角与解决现实世界问题的方法论倾向。

中国共产党是马克思主义政党，马克思主义共同体思想体现在中国共产党的外交政策和国际战略的一系列生动实践中。

新中国成立之初，由于经历了连绵不断的外敌入侵和国内战争，生产力水平低下，国民经济千疮百孔。但即便如此，中国共产党也从未忘记马克思主义政党的崇高理想，始终秉持为人类和世界作贡献的追求。1956 年，毛泽东同志曾说道，中国是一个具有九百六十万平方公里土地和六万万人口的国家，中国应当对人类有较大的贡献。他还曾坦言，中国是一个大国，它的人口占全世界人口的四分之一，但是它对人类的贡献是不符合它的人口比重的。在国际舞台上，中国倡导“和平共处”五项原则，为亚非会议的成功作出了举世公认的巨大贡献，始终高举反对霸权主义，成为维护世界和平的中坚力量。

“文革”刚刚结束，在国民经济发展尚处于十分困难的情况下，邓小平同志在会见外宾时曾说，衡量我们是不是真正的社会主义国家，不但要使我们自己发展起来，实现四个现代化，而且要能够随着自己的发展，对人类作更多的贡献。他特别强调，我们作为一个真正的社会主义国家，是不会只顾自己的，中国应当对于人类有较大的贡献。① 在这一时期，邓小平同志提出了灵活务实的外交方针。一是赋予独立自主原则新内容。邓小平同志指出：“中国的对外政策是独立自主的，是真正的不结盟。中国不打美国牌，也不打苏联牌，中国也不允许别人打中国牌。”② 二是为解决国际争端找到新路。

---

① 王公龙. 为人类作更大的贡献 彰显中国共产党的大党担当［N］. 光明日报，2018-02-13（05）.

② 邓小平. 邓小平文选：第3卷［M］. 北京：人民出版社，1993：57.

针对历史遗留的岛屿争端，邓小平同志提出“搁置争议、共同开发”的办法。在原则性层面，不否认争议的客观存在，坚持在解决过程中维护国家核心利益这一原则立场；在灵活性层面，承认争议的困难性，为避免无休止的纷争导致矛盾激化，可将争议先放一边，待时机成熟再加以解决。中国在这一时期的务实灵活、韬光养晦的外交策略，既为中国的发展赢得了有利的外部环境，同时也为维护区域乃至世界的和平作出了卓越贡献。

进入新时代的中国更是将“为人类作更大贡献”作为自己的使命。2017 年，习近平总书记在党的十九大报告中指出：“中国共产党是为中国人民谋幸福的政党，也是为人类进步事业而奋斗的政党。中国共产党始终把为人类作出新的更大的贡献作为自己的使命。”习近平总书记提出的“人类命运共同体”理念更是继承了马克思主义共同体思想的基本观点，并结合了当今世界的客观实际。中国共产党人这些一脉相承的理念彰显了对人类未来发展的人文关怀和科学精神，也发展了马克思主义的共同体思想。随着中国综合国力的不断增强并日益走近世界舞台的中央，中国共产党统筹国际国内两个大局的意识不断强化，更加自觉地从世界相互联系的整体中审视自己的国际角色和国际责任，更加自觉地把中国的前途命运和人类的前途命运紧密联系起来，并从中思考和定位自己对世界人民的使命和担当，努力为人类作更大的贡献。

2. 马克思主义民族交往理论

马克思主义民族交往理论有四个方面的内容。一是交往是民族的根本属性。马克思、恩格斯的民族交往思想强调，随着生产力水平提高和人口的增长，住得日益稠密的居民由于劳动生活中的客观需要，不得不更紧密地团结起来，交往得更加普遍。二是人类生产生活方式的转变是民族交往的现实基础。马克思、恩格斯指出，民族交往过程中民族之间的关系仍然以生产力为逻辑起点。三是民族交往贯穿于民族历史走向世界历史的过程之中。马克思指出，资产阶级通过扩张性的交往，主要是战争，使它们的生产和消费迅速成为世界性的，生产力普遍发展和民族的普遍交往消灭了各国的孤立状态，把一切国家都联系起来。四是民族交往缔造人类文明的新形态。工业文明促使人的主观能动性进一步发挥，使得“所有民族都不能例外地卷入到文明中来了”。马克思、恩格斯科学地扬弃资产阶级促动民族交往的粗暴方式，揭示了人类文明形态发展演进的科学发展规律。

中国共产党坚持马克思主义民族交往理念。新中国成立后，中国共产党坚持独立自主的和平外交政策，倡导和坚持和平共处五项原则，积极促进世界多极化和国际关系民主化，推动建立公正合理的国际政治经济新秩序。2018 年 11 月 17 日，习近平主席在亚太经合组织工商领导人峰会上发表主旨演讲时，指出："经济全球化是人类社会发展必经之路……各国都是全球合作链条中的一环，日益形成利益共同体、命运共同体。"[①] 当今时代，任何力量无法人为阻断各国之间的资金、技术、产品、产业、人员流，世界主流民意绝不允许让世界从繁荣共享稳定发展倒退回封闭敌对分割的历史阶段。中国坚持各个国家和民族的和平共处、平等合作、追求双赢共赢多赢的理念和实践适应了国际交往的潮流，弘扬了马克思主义民族交往理念。

3. 马克思主义世界历史理论

唯物史观视域中的"世界历史"是指各民族、国家通过普遍交往，打破孤立隔绝的状态，

---

① 习近平. 同舟共济创造美好未来［N］. 光明日报，2018-11-18（02）.

进入相互依存、相互联系的世界整体化的历史。马克思认为，生产力迅速发展基础上各民族普遍交往的结果就是“世界历史”的形成，即普遍交往“使每一民族都依赖于其他民族的变革”，民族交往的扩大使世界经济、政治、文化、社会走向“一体化”，整个世界成为有机的整体。[①]

在《德意志意识形态》中，马克思、恩格斯表达了这样的思想：随着资本主义的发展，“每个文明国家以及这些国家中的每一个人的需要的满足都依赖于整个世界，因为它消灭了各国以往自然形成的闭关自守的状态”[②]。在《共产党宣言》中，马克思和恩格斯也指出，资本的扩张将打破原有的生产地域局限，“一切国家

---

① 张爱军．从马克思主义中发现百年大党胸怀天下的思想之源［N］．济南日报，2021-12-09（07）．

② 马克思，恩格斯．马克思恩格斯文集：第1卷［M］．中共中央马克思恩格斯列宁斯大林著作编译局，译．北京：人民出版社，2009：566.

的生产和消费都将成为世界性的了”①。世界性既有生产、市场等超出国界走向经济全球化之意，也有在经济全球化过程中各国的经济文化政治发展受到他国的影响而导致民族性特征、地域性特征日益弱化，世界各国相互依赖日益突出之意。马克思、恩格斯在《德意志意识形态》和《共产党宣言》中所表达出来的未来社会各国之间相互依赖不断增强、“一切国家的生产和消费都将成为世界性的”的思想观点，就是被称之为“马克思世界历史观”的核心内容。

世界历史理论是马克思和恩格斯唯物史观的重要论断。习近平总书记在纪念马克思诞辰200周年大会上的讲话中特别强调，学习马克思，就要学习和实践马克思主义关于世界历史的思想，并且指出，马克思、恩格斯当年关于

---

① 马克思，恩格斯. 马克思恩格斯文集：第2卷［M］. 中共中央马克思恩格斯列宁斯大林著作编译局，译. 北京：人民出版社，2009：35.

"历史也就越是成为世界历史"的这个预言，现在已经成为现实，历史和现实日益证明这个预言的科学价值。

马克思主义的世界历史理论超越了民族的和阶级的狭隘视界，展现人类走向全球一体化的历史图景。中国共产党在坚持马克思主义世界历史理论的基础上，从当代人类民族交往的实际出发，提出了事关人类命运与和谐共处的智慧和理念。

中国共产党深刻认识到，在进入 21 世纪的现代世界历史中，各民族这种"你中有我、我中有你"的关系更趋紧密。习近平总书记曾指出，这个世界，各国相互联系、相互依存的程度空前加深，人类生活在同一个地球村里，生活在历史和现实交汇的同一个时空里，越来越成为你中有我、我中有你的命运共同体。构建人类命运共同体理念，是马克思主义的"当代世界历史理论"。

总之，坚持胸怀天下作为中国共产党的百年经验之一，秉持了马克思主义的世界观、方法论、价值观。始终以世界眼光关注人类前途命运，是共产党人、马克思主义者的价值追求，也是坚守唯物史观、顺应人类历史发展规律的科学经验。胸怀天下体现的是马克思主义政党对人类的深切关怀、对全球化趋势的清醒感知、对世界发展规律的科学预见。

三、中共领导人的国际战略思想

新中国成立70多年，经过历代中国共产党人的实践探索和理论创新，中国共产党的国际战略思想内容不断丰富、体系不断完善，成为马克思主义中国化理论成果的重要组成部分。在这一系列理论的指导下，新中国的外交事业取得了举世瞩目的成绩，中国负责任大国的国际形象得到展现，中国大国的国际地位日益凸显。

1. 毛泽东同志的国际战略思想

毛泽东同志的国际战略思想主要包括国际政治格局观、对外援助思想、国际团结思想等内容。

其一，毛泽东同志的国际政治格局观，以“协和万邦”的优秀传统文化为逻辑起点，以超越意识形态传统观念的东方智慧为行动指针，以尊重世界文明的多样性为实践路径，促使世界政治格局发生了重大变化，也彰显了中国作为一个政治大国的国际影响力。

新中国成立后，毛泽东同志不断洞悉国际秩序由两极格局向多极化格局的演变态势，以维护国家主权、民族权益和人民利益为主要目标取向，以辩证唯物主义和历史唯物主义为理论指导，以阶级矛盾和阶级斗争分析法为方法论基础，以建立国际反霸统一战线为基本策略，先后作出了“两大阵营”“中间地带”“三个世界”等关于国际政治格局的著名论断。20 世纪 50 年代中国政府倡导的“和平共处五项原则”在世界上受到普遍赞誉，万隆亚非会议上中国提出的求同存异原则得到广泛承认并被写进会议公报；60 年代中国的反殖、反帝、反霸主张在第三世界得到普遍响应，中国首倡的“不首先使用核武器”和“彻底销毁核武器”的主张成为后来“无核世界”的先声。

其二，毛泽东同志国际援助思想是中国共产党人胸怀天下的生动体现。

1935 年冬天，中央红军即将完成长征到达陕北，毛泽东同志在岷山峰顶远望到昆仑山脉后有感而发，写成一首充满豪情壮志的词作。这首词就是《念奴娇·昆仑》：

横空出世，莽昆仑，阅尽人间春色。飞起玉龙三百万，搅得周天寒彻。夏日消溶，江河横溢，人或为鱼鳖。千秋功罪，谁人曾与评说？

而今我谓昆仑：不要这高，不要这多雪。安得倚天抽宝剑，把汝裁为三截？一截遗欧，一截赠美，一截还东国。太平世界，环球同此凉热。

这首词的上半阕，以极为辽阔高远的视野与气势写尽了昆仑山的冬夏不同风光。冬日它冰雪盈身，一座座山峰化身“千百万条冰棱玉龙”，搅得满天寒彻透骨。夏天冰雪消融，山水汇入江流，或会引发洪水危害人间，有些人会因此葬身其中。这巍峨的昆仑山，它的功与过，谁人曾经评判过？

下半阕，诗人斗胆来评论昆仑两句，“你不要这么高，不要这么多冰雪”直接亮明自己观点。为什么这么说呢？诗人随即给出答案：多么想抽出宝剑把你砍断成三截，一段给欧洲，一段赠美洲，一段给东边国家，让全世界共享太平，共同感受你的凉爽与热烈。

在这首词中，毛泽东同志借用昆仑山气象万千的宇宙奇观，来抒发自身的雄心壮志。该词最后一句“环球同此凉热”可谓全诗诗眼，表达了毛泽东同志的“大同理想”，即立志改造旧世界，埋葬帝国主义，实现共产主义社会远大理想，显示了伟人极为博大的无产阶级胸怀，也体现了毛泽东同志立己达人的国际援助思想。

毛泽东同志强调开展对外援助是我们的国际主义义务。上世纪60年代初，毛泽东同志一再强调：“已经获得革命胜利的人民，应该援助正在争取解放的人民的斗争，这是我们的国际主义的义务。”① 毛泽东同志认为，国际主义的责任和义务要求应力所能及地去管别人，“所谓管别人是指给予友好的支持、帮助”②。毛泽东同志强调从国际共产主义事业的立场看，“中国

---

① 建国以来毛泽东文稿：第10册［M］. 北京：中央文献出版社，1996：340.

② 毛泽东外交文选［M］. 北京：中央文献出版社、世界知识出版社，1994：491.

的事业是国际共产主义事业的一部分”[①]，这一事业需要世界各社会主义兄弟国家彼此之间的相互支持和相互援助。中国支持、援助其他国家民族解放运动与经济建设，是我们义不容辞的国际义务。“我们如果不支持，就会犯错误，就不是共产党员。”[②]

其三，毛泽东同志的国际团结思想展现中国共产党人具有全球战略和世界眼光的又一伟大思想。

在天安门城楼的城墙上有一副让世界瞩目的醒目标语，这就是：“中华人民共和国万岁，世界人民大团结万岁”。这副标语由著名书法家钟灵先生书写，第一次出现在天安门城墙上是在 1950 年 10 月 1 日。全球战略、世界眼光，把

---

① 毛泽东文集：第 8 卷［M］. 北京：人民出版社，1999：16.

② 毛泽东文集：第 8 卷［M］. 北京：人民出版社，1999：379.

中国人民的复兴大业作为全人类文明进步的重要组成部分，是共和国缔造者们最早的共识之一。这也是开国领袖毛泽东同志本人关于国际团结思想的生动展现。

“世界和平不能分割，世界是一个整体”

“自从帝国主义这个怪物出世之后，世界的事情就联成一气了，要想割开也不可能了。”① 近代以来，中华民族争取民族独立和人民解放的不屈抗争，尤其是艰苦卓绝的抗日战争，使毛泽东同志深刻认识到国际关系背后的世界一体性特征。他认为，两次世界大战爆发是“世界经济发展的必然结果”，是国际关系一体性特征的初步显现。据此，毛泽东同志曾经得出一个结论：“世界和平不能分割，世界是一个整体，这是现在世界政治的特点。”② 面对美国在

---

① 毛泽东选集：第 1 卷［M］. 北京：人民出版社，1991：161.

② 毛泽东文集：第 2 卷［M］. 北京：人民出版社，1993：133.

世界各地“长臂管辖”，屡屡侵略、控制、干涉、欺负、压制其他国家，毛泽东同志多次呼吁全世界各大洲人民联合起来，全世界爱好和平的国家联合起来，结成最广泛的统一战线，以保卫世界和平。

“团结国内外一切可能团结的力量”

这一点是毛泽东同志的国际团结思想的根本出发点。世界上不同社会制度、不同意识形态、不同宗教信仰的国家为什么能够联合与团结？尤其是世界大国之间何以能够联合与团结？毛泽东同志回答，这是因为“有一个共同的敌人”，战胜这个共同的敌人是世界各国尤其是大国之间实现团结、保持长时间和平的理由。德意日法西斯是摆在世界各国尤其是大国面前的“共同的敌人”。为此，毛泽东同志强调，要建立国际统一战线，而且国际统一战线必须实现广泛联合，最大限度争取扩大团结的对象。

“一只手跟他作斗争，一只手跟他讲团结”

在国际联合中，“摩擦是有的，但是团结占主要地位，占统治地位”[①]。面对国际联合既团结又摩擦的现象，毛泽东同志明确提出了“一只手跟他作斗争，一只手跟他讲团结”的方针。这一方针成为毛泽东同志的国际团结思想的重要方法论。毛泽东同志强调对于国际联合的不团结倾向要坚持“又团结又斗争”原则，通过斗争的手段加以解决；同时，他又强调要坚持平等商量的原则，通过摆事实、讲道理消除分歧，促进团结。他还将这种方法总结为“原则性和灵活性的统一”。

毛泽东同志的国际团结思想饱含了维护国际团结、促进和平发展的良好愿望及切实可行的原则方法，为人类命运共同体理念奠定了思想基础，为建设“持久和平、普遍安全”的世

---

① 毛泽东文集：第 3 卷［M］. 北京：人民出版社，1996：248.

界提供了时代答卷。

2. 邓小平同志的国际战略思想

邓小平同志的国际战略思想主要体现在他提出的国际时局观、国际地位观和国家利益观等方面。

一是提出了和平与发展是时代主题的国际时局观。这一重要论断是邓小平同志基于对当时的复杂多变的国际环境的把握，经过冷静观察和深入思索后做出的。邓小平同志早在 1983 年就明确告诉我们，“大战打不起来，……现在看，担心得过分了。我看至少十年打不起来。”① 1985 年，邓小平同志指出：“现在世界上真正大的问题，……一个是和平问题，一个是经济问题或者说发展问题。”事实证明，邓小平同志对国际形势的判断是准确的。他也清楚

① 邓小平文选：第 3 卷［M］. 北京：人民出版社，1993：25.

地看到，和平与发展是时代主题，但是非和平的因素依然存在。他也提出了“两个根本问题”论。1984 年 5 月 29 日，邓小平同志在会见巴西总统时谈道：“现在世界上问题很多，有两个比较突出。一是和平问题。……二是南北问题。”1985 年 3 月 4 日，邓小平同志会见日本商工会议所访华团时，说：“和平问题是东西问题，发展问题是南北问题。概括起来，就是东西南北四个字。南北问题是核心问题。”

新的时代主题观的提出具有重要的理论意义与实践意义。首先，它为我党和国家的工作重心转移和改革开放提供了理论依据。我们过去在“战争与革命”的时代主题指导下，过分地强调世界大战迫在眉睫，错误地估计了世界的形势，把工作重心全都围绕准备打新一轮的世界大战上。但经过这么多年的观察得出世界大战在较长一段时间内不会发生，世界形势总体朝向和平趋势。根据对世界形势的深入分析我们转变了工作重心，把经济建设提上工作重心位置，并形成了“一个中心，两个基本点”的基本路线。新时代主题的提出拉开了中国改革开放的序幕。其次，新的时代主题改变了中国对外关系的思路。自那以后，中国把经济发展摆在对外政策的首位，与世界各国开展经贸、科技合作，将彼此联系在一起互帮互助、互惠互利，通过经济外交加强各国之间的友好关系；中国不再以意识形态画线，破除过去的打倒“帝、修、反”建立国际统一战线的做法，而是把国家利益作为外交的立足点，积极加强与发达国家之间的和平交往，同时也稳定和发展中国家之间的团结，以和平手段解决国际争端。在国际事务中，我们奉行独立自主的和平外交政策，做到真正的不结盟，反对霸权主义，维护世界和平。

二是提出了中国是多极世界的一极的国际地位观。新中国成立以来，国家实力显著增强，国际影响力日益扩大。1990 年邓小平同志曾经指出："中国不要贬低自己，怎么样也算一极。"① 我们固然不能自夸，但也无须妄自菲薄，中国拥有强大的潜力和综合国力发展空间，未来终将是世界的一极。针对一些国家担心中国崛起以后会走霸权道路，邓小平同志从中国的历史与现行政策来表明中国是一个爱好和平的国家。1984 年 5 月邓小平同志会见巴西总统菲格雷多时曾说道："中国现在属于第三世界，将来发展富强起来，仍然属于第三世界。……中国永远不会称霸，永远不会欺负别人，永远站在第三世界一边。"② 事实上，中国在国际斗争中始终旗帜鲜明地反对一切霸权主义行径，以自己的外交活动实践着维护世界和平的诺言。

---

① 邓小平文选：第 3 卷［M］. 北京：人民出版社，1993：353.

② 邓小平文选：第 3 卷［M］. 北京：人民出版社，1993：56.

三是提出主权至上的国家利益观。一个主权国家的外交政策的制定和实施，主要围绕国家利益。国家与国家之间的社会制度与意识形态不一定是相同的，但是每个国家维护国家利益的目标却是相同的。邓小平同志曾说道："我们都是以自己的国家利益为最高准则来谈问题和处理问题的。"① 我们坚决维护祖国的主权领土完整和国家利益，我们绝不侵犯他国的国家利益，同样也不允许他国侵犯我国的国家利益。可以看出，邓小平同志把国家利益作为我国处理一切国际问题的基本出发点。

3. 江泽民同志的国际战略思想

江泽民同志的国际战略思想主要体现在关于建立公正合理的国际新秩序观上。

20 世纪 90 年代之后，冷战结束，世界格局

---

① 邓小平文选：第 3 卷 [M]. 北京：人民出版社，1993：330.

突变，但“和平与发展”仍然是时代的主题。江泽民同志把握和顺应国际局势的发展趋向，以国家和民族的最高利益为目标，提出建立“和平、稳定、公正、合理”八字方针的国际新秩序观，强调通过对话和合作解决国际争端。①江泽民同志主张建立公正合理的国际新秩序观，超越社会制度和意识形态的差异，主张各国不分大小、强弱、贫富，都是国际社会的平等成员，通过开展全方位外交，反对经济贸易交往中的不平等现象和各种歧视性政策与做法，寻求国际社会共同利益的交汇点，扩大互利合作，谋求共同发展与繁荣。②

4. 胡锦涛同志的国际战略思想

胡锦涛同志的国际战略思想主要体现在关

---

① 江泽民文选：第 3 卷［M］. 北京：人民出版社，2006：566-567.

② 黄良奇. 中国共产党领导人的国际观及其发展逻辑［J］. 中国井冈山干部学院学报，2021（4）：60-62.

于构建和谐世界的国际新主张上。

进入新世纪以来，胡锦涛同志在多个双边与多边外交场合提出构建“和谐世界”的国际新主张，并将建设“和谐世界”的目标写入了党的十七大报告中。胡锦涛同志在第六十四届联合国大会一般性辩论上明确阐述了“和谐世界”国际新主张的内涵。胡锦涛同志明确提出，面对前所未有的机遇和挑战，国际社会应该继续携手并进，秉持和平、发展、合作、共赢、包容理念，推动建设持久和平、共同繁荣的和谐世界。他就此提出四点主张：第一，用更广阔的视野审视安全，维护世界和平稳定。第二，用更全面的观点看待发展，促进共同繁荣。第三，用更开放的态度开展合作，推动互利共赢。第四，用更宽广的胸襟相互包容，实现和谐共处。“和谐世界”理念是在中国崛起、国际冲突不断的大背景下提出来的，它是希望化解国际冲突、谋求和谐国际关系的理念。“和谐世界”

理念的提出和实践，是中国和平主义和合作主义的具体体现，是中国作为世界大国维护世界和平的责任担当的有力展现。

5. 习近平总书记的国际战略思想

党的十八大以来，习近平总书记深刻把握国际国内形势的新变化和新特点，在外交政策与国际战略方面提出许多新理念新思想新战略，逐步形成了新时代中国的国际战略思想。其主要内容如下：

一是倡导构建人类命运共同体。

人类命运共同体理念是习近平新时代中国特色社会主义思想的重要组成部分，是当代中国对世界的重要思想和理论贡献，已经成为中国引领时代潮流和人类文明进步方向的鲜明旗帜。

人类命运共同体理念有着丰富的内涵，其核心就是党的十九大报告提出的“建设持久和平、普遍安全、共同繁荣、开放包容、清洁美丽的世界”。

政治上，要相互尊重、平等协商，坚决摒弃冷战思维和强权政治，走对话而不对抗、结伴而不结盟的国与国交往新路。建设一个持久和平的世界，根本要义在于国家之间要构建平等相待、互商互谅的伙伴关系。大国往往是决定战争与和平的关键因素，也对地区与世界和平与发展负有更大责任。国家间出现矛盾和分歧，要通过平等协商处理，以最大诚意和耐心，坚持对话解决分歧。

安全上，要坚持以对话解决争端、以协商化解分歧，统筹应对传统和非传统安全威胁，反对一切形式的恐怖主义。国家不论大小、强弱、贫富以及历史文化传统、社会制度存在多大差异，都要尊重和照顾其合理安全关切。各国都有平等参与地区安全事务的权利，也都有维护地区安全的责任，要以对话协商、互利合作的方式解决安全难题。

经济上，要同舟共济，促进贸易和投资自由化便利化，推动经济全球化朝着更加开放、包容、普惠、平衡、共赢的方向发展。发展是第一要务，适用于各国，而人类命运共同体追求的是共同发展。

文化上，要尊重世界文明多样性，以文明交流超越文明隔阂、文明互鉴超越文明冲突、文明共存超越文明优越。

生态上，要坚持环境友好，合作应对气候变化，保护好人类赖以生存的地球家园。要坚持走绿色、低碳、循环、可持续发展之路，平衡推进 2030 年可持续发展议程，采取行动应对气候变化等新挑战，不断开拓生产发展、生活富裕、生态良好的文明发展道路，构筑尊崇自然、绿色发展的全球生态体系。

二是提出构建新型大国关系。

2014 年 11 月，习近平主席在与美国时任总统奥巴马进行会谈时，用三句话概括了中国构建新型大国关系的内涵，即“不冲突、不对抗；相互尊重；合作共赢”。双方要客观理性看待彼此战略意图，坚持做伙伴、不做对手；要尊重各自的社会制度和发展道路，尊重彼此核心利益和重大关切，求同存异，包容互鉴，共同进步；要摒弃零和思维，在追求自身利益时兼顾对方利益，在寻求自身发展时促进共同发展，不断深化利益交融格局。

构建新型大国关系是指导中国与大国交往的重要理念，在这一理念的引领下，中国政府妥善地处理与大国交往过程中发生的分歧，并加强战略对话，增进相互之间的信任，扩大利益汇合点，逐步扩宽了与大国的合作领域，争取共同走出一条相互尊重、互利共赢的新型大国关系道路。

三是发展睦邻友好的周边外交。

作为世界上邻国最多的国家，中华人民共

和国成立以来，我国就非常重视邻国外交，将发展周边外交作为中国外交的基石。

中国提出了“亲诚惠容”的周边外交方针。“亲诚惠容”四字理念，是习近平总书记在胡锦涛同志的“与邻为善、以邻为伴”周边外交方针的基础上的创新与扩展，凝聚了中国传统文化的智慧。亲和诚是态度层面的方针，惠和容是行动实践的指导原则。中国还提出了构建亚洲命运共同体的周边外交目标。习近平总书记提出，“把中国梦同周边各国人民过上美好生活的愿望、同地区发展前景对接起来，让命运共同体意识在周边国家落地生根”①。

习近平总书记的国际战略思想是一个逻辑严密的思想体系。这个思想体系着眼于当前中国的发展实际，又契合世界的发展趋势；既反映了中国人民对“两个一百年”奋斗目标的憧

① 习近平. 习近平谈治国理政［M］. 北京：外文出版社，2014：299.

憬，又关照了世界人民对美好生活的期待；既坚持外交为国家战略目标服务，又强调为世界和平与发展作贡献。

第二章

坚持胸怀天下的时代要求

古语云，“先谋于局、后谋于略，略从局出”。坚持胸怀天下，正确认识和处理同外部世界的关系，是中国共产党建党百年的重要历史经验的总结，也是未来走向新的百年奋斗征程必须要坚持的历史经验之一。

党始终以世界眼光关注人类前途命运。中国共产党成立之初，就注意到解决中国问题离不开世界问题的解决，中国的前途命运和世界命运紧密相连。1921 年元旦，毛泽东同志在新民学会长沙会员大会上发言时提出，中国问题本来是世界的问题；然从事中国改造不着眼及于世界改造，则所改造必为狭义，必妨碍世界。”1977 年邓小平同志明确提出，中国的问题，也等于五分之一的世界问题。1999 年江泽民同志在上海出席“九九《财富》全球论坛 · 上海”开幕晚宴时指出：“中国是一个发展中的社会主义大国，它的未来发展，不仅直接关系到中国人民的前途，而且对亚洲和世界的发展与进步也会产生重要影响。”2008 年胡锦涛同志在博鳌亚洲论坛 2008 年年会开幕式上明确表示：“中国发展进步离不开世界，世界繁荣稳定也离不开中国……中国的前途命运日益紧密地同世界的前途命运联系在一起。”党的十八大后，习近平总书记指出，认识世界发展大势，跟上时代潮流，是一个极为重要并且常做常新的课题，强调要统筹好国际国内两个大局，要胸怀“国之大者”，并深刻指出，今日之中国，不仅是中国之中国，而且是亚洲之中国、世界之中国。

一、顺应人类发展大潮流的必然要求

1. 由孤立隔绝走向命运与共是人类发展大潮流

世界上各个国家和民族一开始是在彼此隔绝的地域孤立地存在和发展的。随着人类生产力的提高、物质生产的发展以及交往范围的扩大，人类社会的发展便逐渐超越了地区或国家的界限，而在世界范围内展开，各个国家和民族都进入了世界性的经济、政治和文化的普遍交往关系之中，历史由此向世界历史转变并进而出现了全球化的趋势。这个过程就是马克思世界历史理论所提出的：历史向世界历史的转变。

习近平总书记在纪念马克思诞辰 200 周年大会上的讲话中强调：“我们要站在世界历史的高度审视当今世界发展趋势和面临的重大问

题”。马克思从人的物质生产实践出发，认为民族历史向世界历史转变的根本动力是社会基本矛盾的辩证运动，即资本主义社会生产力和生产关系、经济基础和上层建筑的矛盾运动，推动资本主义生产方式的全球推广，从而形成资本生产的全球体系。

早在19世纪中叶，马克思、恩格斯通过对资本主义生产方式的考察，以惊人的洞察力揭示出民族历史向世界历史转变的趋势。马克思主义分析观察人类社会，坚持的是唯物史观。提出推动社会发展的根本原因是生产力与生产关系的矛盾运动，其中一个很重要的线索是伴随着生产力发展而出现的交往。

生产力的发展，推动了社会分工的形成，社会分工一方面促进了专业化生产，进一步推动了生产力的发展；另一方面，社会分工使得交往成为必须。因此，社会分工的出现推动了交往的产生。在生产力发展还限于民族自给自足时，交往仅在内部成员之间产生；当产生部落，尤其是形成部落联盟时，人与人的交往就有了很大的发展，出现了区域性的交往。而当生产力发展突破了不同民族、不同地区的限制时，就慢慢形成全国性的交往。随着生产力的进一步发展，尤其是国际分工的出现，交往也就打破国界，出现国际性交往。这种国际性交往，首先在部分国家之间进行，然后逐步扩展到世界。随着生产力和社会分工的深入发展，世界各民族之间交往的范围越来越大，世界的联系日趋加深，世界交往进一步深化为普遍交往，也即世界交往的普遍发展。对此，马克思、恩格斯在《德意志意识形态》中指出："只有随着生产力的这种普遍发展，人们之间的普遍交往才能建立起来。"

当人类进入世界交往阶段，人类历史便进入世界历史阶段。马克思从客观历史的整体性高度，深入考察并论证了人类社会在生产力推动下，由分散向整体的发展趋势，指出这种趋势就是从民族性、地方性的历史向普遍性、世界性的历史的发展和转变。世界历史时代是由资产阶级开辟的，是资本主义方式向全世界扩张的客观结果，资本主义社会生产力的发展和由此产生的世界交往是世界历史形成和演变的根本动因，世界历史的未来就是共产主义。

在马克思看来，在世界历史的开创期，资本为了不断扩大产品销路的需要，驱使资产阶级奔走于全球各地，它必须到处落户，到处开发，到处建立联系。资产阶级，由于开拓了世界市场，使一切国家的生产和消费都成为世界性的了。这种行为大大地推动了世界交往的发展，也导致了人类社会历史发生改变，过去那种地方的和民族的自给自足和闭关自守状态，被各民族的各方面的互相往来和各方面的互相依赖所代替了。民族的片面性和局限性日益成为不可能，人类社会也就由民族历史阶段进入到世界历史阶段。马克思、恩格斯在《德意志意识形态》中这样界定世界历史："各民族的原始封闭状态由于日益完善的生产方式、交往以及因交往而自然形成的不同民族之间的分工消灭得越是彻底，历史也就越是成为世界历史。"

世界历史在当代的发展主要体现为全球化特别是经济全球化的迅猛发展，这就使得人类的相互依赖日益加深。

"全球化"，这个概念最早是1985年由美国经济学家提奥多尔·拉维特率先提出，其原意是指经济全球化，指由市场经济带来的各国经济的一体化相互依存的状态。其实全球化的开端是在世界历史形成后，由全球化所带来的相互依赖是由浅到深、由窄到广的过程。马克思、恩格斯在《共产党宣言》中深刻剖析了世界交往与世界市场形成后的人类相互依赖的状况："旧的、靠本国产品来满足的需要，被新的、要靠极其遥远的国家和地带的产品来满足的需要所代替了。”“每个文明国家以及这些国家中的每一个人的需要的满足都依赖于整个世界。”“物质的生产是如此，精神的生产也是如此。”

随着生产力的进一步发展和科技革命的推动，国际分工日益深化、世界交往日渐频繁，全球化席卷全球，世界各国的联系日益紧密，每个民族和每个国家越来越成为整个世界不可分割的一部分。这种状况使得人类交往的深度与广度前所未有，相互依存日益加深，世界成为“地球村”一样的存在。以波音飞机为例，一架波音飞机，其零部件来自 70 多个国家，16000 多家公司。人们用英国王妃戴安娜遇难的事件来描绘当前的全球化世界：一个英国王妃与一个埃及男友在法国的隧道里发生了车祸，这个车子是装着荷兰引擎的德国车，司机是一个喝多了苏格兰威士忌的比利时人，他们当时是被骑着日本 HONDA 摩托车的意大利狗仔队追逐，手术是美国医生做的，用的是巴西的药，消息是一个德国人首先传出来的，用的是美国比尔·盖茨的技术。一个偶然发生的事故，最后牵涉到数个国家，足以见世界的关联之深。

著名国际关系理论家基欧汉和约瑟夫·奈试图用复合相互依赖这个概念来解释这种状况，他们认为：国家之间不仅存在着经济和文化相互依赖，还有生态、军事安全、政治社会、战略等层面的相互依赖，因此，国家之间必须加强多领域的合作。不过，这两位自由制度主义国际关系理论的奠基人对人类社会相互依赖的认识还是存在缺陷，他们认为：剧烈的政治和社会变革，可能导致武力重新成为直接的重要政策。而事实上，随着世界多极化、经济全球化、社会信息化、文化多样化深入发展，各国相互联系和相互依赖日益加深，特别是核武器的出现，其巨大的杀伤力，可能毁灭整个世界。“核爆掀起的微尘和大火产生的浓烟将长时间遮挡住阳光，使地球处于黑暗和严寒之中，造成全球性气候变化，动植物濒临灭绝，人类生存受到严重威胁……这种黑暗会持续若干星期，气温将日复一日地下降。在大陆内地，气温大约下降摄氏 40 度。在三个月左右的时间里，温度不可能回升到冰点以上……植物生长必需的光合过程将终止。”①

除了核武器会对人类造成的毁灭性打击之外，还有许多全球性问题，如气候变化、大型疾病传播等等，都可以威胁到人类的生存与发展，都不是靠一国之力就可以解决的。因此，人类进入到相互依赖命运与共的新阶段。

对此，习近平总书记深刻指出：“随着商品、资金、信息、人才的高度流动，无论近邻还是远交，无论大国还是小国，无论发达国家还是发展中国家，正日益形成利益交融、安危与共的利益共同体和命运共同体。”

---

① 李俊亭.“核冬天”理论与核裁军［J］. 现代军事，2001（11）：61-62.

2. 坚持胸怀天下是顺应人类发展大潮流的必然要求

世界潮流，浩浩荡荡，顺之则昌，逆之则亡。习近平总书记指出："尽管我们所处的时代同马克思所处的时代相比发生了巨大而深刻的变化，但从世界社会主义500年的大视野来看，我们依然处在马克思主义所指明的历史时代。"世界多极化、经济全球化、社会信息化、文化多样化深入发展，各国相互关联、相互依存程度之深前所未有，因此，始终坚持胸怀天下，正确认识和处理与外部世界的关系，是顺应人类发展大潮流，增进人类福祉的必然选择，也是马克思世界历史理论发展的必然趋势。

坚持胸怀天下，顺应人类发展大潮流是共产党人的使命所在。1848年2月，马克思、恩格斯起草的《共产党宣言》问世，是为世界上第一个无产阶级政党——共产主义者同盟制定的纲领。马克思、恩格斯在《共产党宣言》中指出：过去的一切运动都是少数人的，或者为少数人谋利益的运动。无产阶级的运动是绝大多数人的，为绝大多数人谋利益的独立的运动。共产党人不是同其他工人政党相对立的特殊政党。他们没有任何同整个无产阶级的利益不同的利益。代替那存在着阶级和阶级对立的资产阶级旧社会的，就是这样一个联合体，在那里，每个人的自由发展是一切人自由发展的条件。马克思、恩格斯以纲领和宣言的形式向世界宣告，秉持人民立场、为人民大众谋利益、为全人类谋解放是共产党人为之奋斗的初心和使命。因此，党的十九届六中全会公报深刻指出，中国共产党自一九二一年成立以来，始终把为中国人民谋幸福、为中华民族谋复兴作为自己的初心使命。党的十八大以来，中国共产党紧扣服务民族复兴、促进人类进步这条主线，高举和平、发展、合作、共赢的旗帜，既为中国人民谋幸福、为中华民族谋复兴，也为人类谋进步、为世界谋大同，更为推动世界各国和平发展，构建人类命运共同体发挥重要作用。

二、适应世界变化大格局的必然要求

党的十九届六中全会公报深刻指出：“世界百年未有之大变局和新冠肺炎疫情全球大流行交织影响，外部环境更趋复杂严峻，国内新冠肺炎疫情防控和经济社会发展各项任务极为繁重艰巨。”在开启第二个百年新征程之际，在新时代坚持和发展中国特色社会主义，必须要对我国所处的外部环境有科学的分析和准确的把握，才能真正做到准确识变、科学应变。

1. 当今世界正处于百年未有之大变局

二十世纪以来，世界风云激荡，国际竞争日趋激烈，经济全球化深刻改变着国与国之间的关系，世界变成你中有我、我中有你的利益共同体与命运共同体。政治格局多极化向前发展，新一轮产业革命与技术革命深刻地改变着这个世界，西方资本主义历经危机和发展，世界社会主义走过高潮和低谷，当今世界正处在大发展、大变革、大调整时期。2018 年 6 月，习近平总书记在中央外事工作会议上提出了“当前中国处于近代以来最好的发展时期，世界处于百年未有之大变局”这一重大论断。这是我们党立足中华民族伟大复兴战略全局，科学认识全球发展大势、深刻洞察世界格局变化而作出的重大判断，对于指导我们开启全面建设社会主义现代化国家新征程、夺取新时代中国特色社会主义新胜利，具有重大而深远的意义。

百年未有之大变局，概括起来说，就是当前国际格局和国际体系正在发生深刻调整，全球治理体系正在发生深刻变革，国际力量对比正在发生近代以来最具革命性的变化，世界范围呈现出影响人类历史进程和趋向的重大态势。

从世界经济的角度看，世界经济版图发生了前所未有的深刻变化，发达国家和发展中国家在国际分工体系中的地位角色发生重大转变，发达国家经济增长乏力，新兴经济体和发展中国家在世界经济中占据越来越大的份额，世界经济呈现出东升西降、南升北降的发展态势，经济中心东移。新兴市场和发展中经济体 GDP 占全球总量已经从 1980 年的 24.3% 增加至 2020 年的 40.6%，对世界经济增长的贡献率高达 80%，成为拉动世界经济增长的最大引擎。[①] 发达国家主导的国际政治经济秩序已经越来越不适应国际关系新的现实。特别是亚洲经济的快速增长，成为世界经济领域亮丽的风景线。2020 年博鳌亚洲论坛发布《亚洲经济前景及一体化进程 2020 年度报告》，预测亚洲经济世界

① 张玉环. 新兴经济体面临历史性分化. https：//opinion.huanqiu.com/article/42o2Y9KCLbu.

占比当年将首次超过50%。瑞士达沃斯世界经济论坛发表报告称人类已迎来“亚洲世纪”。世界经济中心正从美欧加快向亚洲转移，引发深刻的格局演进。

从世界政治领域来看，世界格局多极化深入发展，国际力量对比变得日趋平衡。从主要战略力量之间的对比看，冷战结束后的失衡态势明显改变。美国独自掌控地区和国际局势的意愿、决心和能力明显下降，中国、俄罗斯、欧盟等“多强”之间国际地位变化的均衡化趋势日益突出。英、法、德、俄等国的经济总量有所提高，但在世界经济格局中的相对占比在下降；俄罗斯则在经济实力相对下降背景下，继续在军事力量上保持突出地位；中国和印度经济总量及其在世界经济格局中的相对占比均在上升。中国处于近代以来最好的发展时期，综合国力和国际地位提高，大大强化了世界多极化趋势。

从世界科技发展潮流来看，新一轮科技革命和产业革命带来的新陈代谢和激烈竞争前所未有，正深刻地改变和重塑世界。习近平总书记曾指出，进入21世纪以来，全球科技创新进入空前密集活跃的时期，新一轮科技革命和产业变革正在重构全球创新版图、重塑全球经济结构。以合成生物学、基因编辑、脑科学、再生医学等为代表的生命科学领域孕育新的变革，融合机器人、数字化、新材料的先进制造技术正在加速推进制造业向智能化、服务化、绿色化转型，以清洁高效可持续为目标的能源技术加速发展将引发全球能源变革，空间和海洋技术正在拓展人类生存发展新领域。这些科技的迅猛发展必将深刻改变人类社会生产生活方式和思维方式，推动生产关系变革，给国际格局和国际体系带来广泛深远影响。

当前，世界百年未有之大变局进入加速演变期。2008年美国次贷危机引发的国际金融危机发生后，随着逆全球化和霸权主义、强权政治的抬头，国际社会面临的新课题、新挑战与日俱增。英国“脱欧”、法国“黄马甲”运动、美国大规模骚乱等“西方之乱”不断上演，其背后是世界经济增长动能不足，国际金融危机深层次影响持续发酵，西方国家贫富差距不断扩大，催生政治极化、民粹主义、种族冲突等问题。地区热点问题此起彼伏，恐怖主义、网络安全、重大传染性疾病、气候变化等非传统安全威胁持续蔓延，特别是 2020 年新冠肺炎疫情全球大流行，成为世界百年未有之大变局的新变量、催化剂，人类面临许多共同挑战。

2017 年 5 月 14 日，习近平主度在首届“一带一路”国际合作高峰论坛开幕式上发表演讲时指出，和平赤字、发展赤字、治理赤字是摆在全人类面前的严峻挑战。2019 年 3 月 26 日习近平主席在巴黎出席了中法全球治理论坛闭幕式，并发表了题为《为建设更加美好的地球家园贡献智慧和力量》的重要讲话，提到“信任赤字”。这四个“赤字”形象生动地描述了当今世界面临的难题。

“和平赤字”主要体现为军备竞赛抬头、地区热点升温、核武威胁不断，非传统安全威胁抬头。

尽管和平、发展、合作、共赢已经成为当今时代的主题和发展潮流，国际力量对比朝着有利于维护世界和平的方向发展，但世界仍然很不安宁。零和博弈的冷战思维根深蒂固，霸权主义、强权政治、新干涉主义有所上升，局部战争频繁发生，地区热点持续升温，大国竞争日趋激烈，严重影响世界的和平与安全。人类面临的安全威胁既有来自传统安全领域，也有来自非传统安全领域。传统安全领域主要是各大国的军费呈现不断上升的趋势，各国仍然把增加军备作为保障自己安全的重要手段，这意味着各国的军备竞赛有所抬头。世界各国特别是各大国之间以高新技术武器为核心的军备竞赛进一步加剧。

在地区层面，一些地区热点问题如叙利亚内战、巴以冲突、乌克兰乱局、伊朗核危机等地区热点持续升温，其背后的大国博弈激烈，严重影响世界的和平与安全。

战争阴云不断。特别是核武器的出现和发展，虽然遏制了大国之间的战争，但使得人类始终面临遭受核武器毁灭的可能。大国为了加强自己的战略威慑能力，不断地扩充自己的核武库，提升核武的杀伤力。美国武器控制协会 2021 年 11 月发布的数据显示，俄罗斯拥有 6257 枚核弹，美国拥有 5550 枚核弹。他们最小的一枚核武器，其爆炸威力都是数倍于当年投放在广岛的原子弹。2018 年 2 月，美国国防部发布新版《核态势评估》报告。报告称，如果美国基础设施，比如国家电网或通信网络，遭受非核武器造成的严重袭击，或者美国遭遇严重的网络攻击，美方也会使用核武器进行反击。世界第一核大国降低“核门槛”，无疑不仅有可能引发有核国家的核竞赛，使核裁军成果出现倒退，甚至提高爆发核冲突的风险，而且也会使一些国家产生拥核冲动，冲击国际社会全面禁止核试验的努力。此外，人类还面临着越来越频繁的非传统安全的挑战。恐怖主义、难民危机、重大传染性疾病、全球气候变化等非传统安全威胁持续蔓延，严重影响着世界的和平与安宁。

“发展赤字”主要体现为全球发展失衡、保护主义抬头、贸易摩擦频发、经济增长乏力。

当前，全球发展失衡，特别是收入分配不平等、发展空间不平衡是国际社会面临的最突出问题，成为一些国家社会动荡的重要原因。经济全球化的迅猛发展，推动了世界经济的繁荣，但也在国际社会中形成“马太效应”。

2008 年世界金融危机以来，各国的贫富差距和社会的不平等，不仅没有得到缓解，反而呈现进一步加剧之势。一方面，发展中国家同发达国家之间的差距仍很明显。全球化背景下，发达国家资本控制高附加值的设计和销售环节，将低附加值的生产环节安排在发展中国家，更加隐蔽地获取了巨额利益，实现了高度的资本积累，但这同时也给发展中国家造成了经济低迷、环境污染等贫困积累。一些发展中国家因发展道路或经济模式中的问题，导致经济长期处于停滞状态，陷入“中等收入陷阱”，拖累了世界经济的发展。

另一方面，发展鸿沟日益凸显。国际慈善机构乐施会 2019 年 1 月发布的报告显示，当时全球最富有的 26 人拥有与世界上最贫穷的一半人口（38 亿人）相等的财富。2018 年，全球亿万富翁的财富每天增加 25 亿美元，全年增长 12%，与此同时，世界上最贫穷的一半人的财富减少了 11%。这样的鸿沟已经威胁到“人类的进步”，不可避免地加剧社会紧张。

此外，国际经济领域的无序竞争状态，也使得全球发展中的深层次矛盾长期积累，未能得到有效解决，而英国脱欧、美国发起贸易战等行为，使得保护主义抬头，贸易摩擦频发，严重冲击国际经济秩序，世界经济面临的风险和不确定性明显上升，世界经济增长动能不足。2020 年新冠肺炎疫情全球大流行，更是让世界经济发展雪上加霜。受疫情冲击，全球产业链供应链循环受阻，国际贸易投资萎缩，大宗商品市场动荡，国际形势中不稳定不确定因素增多，世界经济形势复杂严峻。

“治理赤字”主要体现为全球治理失序。当今世界，全球性挑战日益突出，全球热点问题此起彼伏、持续不断，但缺乏有效的全球应对，保护主义、单边主义抬头，全球治理体系和多边机制受到冲击，二战后建立的全球治理体系不适应当今世界发展的地方越来越多，全球治理领域赤字凸显，动力严重缺乏。

一方面，全球治理体系并没有充分反映世界经济格局的深刻变化。当前，世界经济格局发生深刻变化，新兴市场国家和发展中国家整体崛起，对世界经济增长的贡献率达到 80%，但它们在全球治理体系中的代表性和发言权与其贡献率明显不相匹配。如在重要国际金融组织世界银行中的整体投票权不足 50%，这种全球治理权分配的不平衡阻碍了经济全球化健康发展。

二方面，全球治理体系和规则不适应全球发展要求的问题越来越突出。2008 年国际金融危机爆发后，国际经济合作和竞争局面发生深刻变化，全球治理体系和规则面临重大调整，联合国、世界贸易组织、国际货币基金组织等全球治理机制亟待完善。全球经济一体化加深的速度明显超过了全球经济机构和全球经济体系适当治理安排的发展速度。在 21 世纪初，缺乏有效的国际宏观经济政策协调机制，国际金融架构的缺陷加深，促使主要的不平衡加剧，从而促成了 2008 年的全球金融危机。因此迫切需要加强国家和全球治理体制变革，需要适当调整全球治理体制来避免出现大的失衡。

三方面，发达国家奉行本国利益优先，严重干扰了全球治理进程。特别是美国特朗普政府执政以来，表现出激进的本土主义、孤立主义、保护主义，以及“去全球化”色彩，狭隘地奉行美国利益优先政策，试图将本国利益凌驾于世界其他各国共同利益之上，不愿意承担相应的国际责任，藐视国际规则和协定的权威性，对国际规则合则用，不合则弃，甚至频频退出一些非常重要的国际组织，比如巴黎气候协定、联合国人权理事会、世界教科文组织等，严重损害了国际多边合作机制，干扰了全球治理进程，成为全球治理赤字的主要根源。

“信任赤字”主要体现为国际摩擦上升，大

国之间的地缘博弈色彩加重，冷战思维和工具被重新拾起，国际社会信任与合作根基受到侵蚀。

为维护美国的霸主地位，美国本着冷战思维，加大了对有可能威胁其霸主地位的大国的防范与遏制。2017 年《美国国家安全战略报告》，将美国国家安全的首要关注点从打击恐怖主义，转到了可能挑战其霸权优势地位的大国身上。把中、俄描述成美国的“竞争者”，称中国和俄罗斯是“修正主义国家”，试图塑造一个与美国价值观和利益对立的世界，从而重新吹响了大国竞争的号角，并加大了与主要大国的地缘博弈。

在欧洲，美国继续推行北约东扩，加大对俄罗斯的经济制裁与军事压力，单方面宣布退出《中导条约》，发布《核态势评估》报告以确保美国的核能力“无可匹敌”，与俄罗斯开展激烈的军备竞赛；在乌克兰、叙利亚、委内瑞拉等地区热点问题上，与俄罗斯针锋相对，相互争夺，导致俄、美关系陷入冰点，两国擦枪走火的风险上升。

在亚洲，美国把中国定位为战略竞争对手，推行所谓的“印太战略”，在台湾问题、南海问题、香港问题、新疆问题等上频繁搅局，冲击亚太区域稳定。

上述问题的产生，是世界历史发展到资本主义历史阶段的必然产物，是西方资本主义国家本着零和博弈的单边思维，奉行弱肉强食的丛林规则的必然结果。因此，国际格局以西方资本主义国家占主导、国际关系理念以西方资本主义价值观为主要取向的“西方中心论”已难以为继，西方的治理理念、体系和模式越来越难以适应新的国际格局和时代潮流。

2. 坚持胸怀天下是适应世界大变局的必然要求

2018 年 7 月，习近平主席在金砖国家工商论坛上发表了重要讲话。在讲话中，习近平主席指出，“当今世界正面临百年未有之大变局。对广大新兴市场国家和发展中国家而言，这个世界既充满机遇，也存在挑战”。对中国来说，“世界百年未有之大变局”既给中国带来重大机遇，也使中国面临诸多挑战。

从机遇角度来看，中国之治与世界之乱形成鲜明对比，有利于中国国际形象的改善与地位的上升。特别是新冠疫情肺炎全球大流行之下，中国果断采取强有力的举措，众志成城抗击疫情，不惜一切代价挽救人民群众的生命，与西方社会提倡所谓的“群体免疫”，以无数生命为代价放任疫情扩散，形成鲜明对比。同时，因为中国通过社会治理的专业化、智能化、社会化，成功控制住疫情，在世界各国中较早地实现了复工复产，人民社会生活秩序安定，经济逐步复苏，中国在国际上的形象与地位进一步改善，国际社会对中国的好感也不断上升。因此，十九届六中全会公报指出，我国外交在世界大变局中开创新局、在世界乱局中化危为机，我国国际影响力、感召力、塑造力显著提升。

此外，国际秩序破立并举，有利于我国发挥制度优势，实现弯道超车，推动国际治理体制变革。当前，国际体系正发生深刻的变化，国际经济格局东升西降，世界经济中心东移，国际政治格局多极化倾向日益明显，一大批新兴市场国家崛起，极大地改变了世界力量对比格局。二战后，西方国家一直掌握着全球治理的主导权，包括联合国、世界银行、国际货币基金组织等政治、经济组织以及以美元为核心的世界金融体系，都是在西方国家主导下建立的。但进入21世纪以后，在新兴经济体和发展中大国的推动下，这种状态发生了变化。以美国为首的西方国家建立的国际治理体系日益不适应当代世界的发展，随着全球化的日益深化，一方面各国相互依存的程度不断加深，气候变化、全球治理、贸易规则、恐怖主义等全球性议题的复杂性、长期性，使得任何国家都没有办法单独应对。国家间的紧密联系和彼此依赖日益加深，达到唇亡齿寒的程度，这使得各国特别是大国之间的合作迫在眉睫。另一方面，掌控着全球治理规则制定权的西方大国，却不愿意承担治理责任，特别是美国特朗普政府主动退出了一系列重要的国际组织，使得全球治理日益难以为继。习近平总书记 2015 年 10 月 12 日在十八届中央政治局第二十七次集体学习时强调："随着全球性挑战增多，加强全球治理、推进全球治理体制变革已是大势所趋。"这就为包括中国在内的新兴国家与广大发展中国家参与全球治理并推动全球治理体系变革创造了机遇。

百年未有之大变局给中国带来机遇的同时也带来挑战。对此，习近平总书记于 2020 年 8 月 24 日在经济社会领域专家座谈会上的讲话中深刻指出："当今世界正经历百年未有之大变局，新冠肺炎疫情全球大流行使这个大变局加速变化，国际经济、科技、文化、安全、政治等格局都在发生深刻调整。"①

百年未有之大变局带来的第一个挑战就是新冠肺炎疫情全球大流行。新冠肺炎疫情造成全球产能不足和运输能力下降，引发全球供应紧张，甚至使得全球供应链出现局部断裂和运转停滞，加上美国率先奉行贸易保护主义，使得全球保护主义、单边主义上升，经济全球化遭遇逆流，世界经济低迷，国际贸易和投资大幅萎缩，给人类生产生活带来前所未有的挑战和考验。在此背景之下，作为全球制造业中心的中国，必然也会受到影响和挑战。

百年未有之大变局带来的第二个挑战就是我国面临的外部形势更加错综复杂，遭受来自

---

① 习近平主持召开经济社会领域专家座谈会并发表重要讲话. http://www.gov.cn/xinwen/2020-08/24/content_5537091.htm.

越来越多的以美国为首的西方的压力。随着中国经济实力不断提升，美国日益把中国当成在21世纪面对的最重要地缘政治挑战，对中国的防范与遏制力度明显加大。特别是特朗普政府，不仅在其上台后的首份《国家安全战略报告》中将中国定位为美国“战略上的竞争对手”，还主动发起了对中国的一系列制裁措施。2017年10月，美国商务部发表报告，拒绝承认中国的市场经济地位。2018年3月，美国发布对中国“301”调查报告，以此为依据发动对中国的贸易战，提出对中国500亿美元进口产品加征关税，并以中国反制为由变本加厉，威胁追加对中国2000亿美元进口产品加征关税的“罚单”。2018年6月，美国白宫贸易和制造业政策办公室发布了题为《中国的经济侵略如何威胁美国和世界的技术和知识产权》的报告，将中国工业现代化、全球价值链升级和经济增长蔑称为“经济侵略”，指责中国“不仅威胁美国经济，还威胁整个世界经济”，还将中国描述为“最大的假冒和盗版产品来源地”，并以此为依据正式启动在科技领域封锁和打压中国的策略。此外，美国还对中国相继发起规则战、舆论战等，并在南海、香港、台湾、涉疆、涉藏等问题上不断施压，企图影响和牵制中国的发展。

拜登政府上任后，全面继承特朗普政府对中国的“地缘政治主要竞争者”和“大国竞争”主要对手的定位，在对外加强与盟友联合、协调的同时，对内大力强化相关组织机构，处心积虑地围追堵截中国，加大了对华反制力度。

2021 年 2 月 11 日，拜登就任总统后首次视察美国国防部，即下令在国防部内成立“中国特别工作组”，任务是研究美军在亚太的部署、技术和情报，以及与盟友伙伴的关系，目的是协调美国政府的经济、政治、外交和军事等能力，跨部门形成一致“对抗中国”的政策与策略。拜登在视察国防部时强调：“我们要全力以赴，既需要国会两党的通力合作，也需要形成强大的联盟和伙伴，以应对来自中国的挑战并确保美国赢得竞争。”

此前，美国的立法机构、司法部门等要害部门都纷纷成立专门针对中国的机构。如 2018 年 11 月美国司法部、联邦调查局和其他联邦机构发起“中国行动计划”，其主要目标是“通过铲除‘间谍’并阻止信息和技术向中国转移来打击中国对美国企业和研究实验室的‘间谍活动’”。2020 年 5 月，众议院共和党领袖麦卡锡宣布成立共和党的“中国特别工作小组”。2020 年 7 月，特朗普政府时期的美国国土安全部又成立了一个“中国工作组”。加上美国国防部内成立的“中国特别工作组”，至此，与美国国家安全相关的主要机构都已在其机构内设立了针对中国的专门部门，客观上形成了从感知、决策到执行的完整链路和体系。

面对这些机遇与挑战，习近平总书记早在

2018年6月中央外事工作会议上就强调，“我们要深入分析世界转型过渡期国际形势的演变规律，准确把握历史交汇期我国外部环境的基本特征，统筹谋划和推进对外工作。既要把握世界多极化加速推进的大势，又要重视大国关系深入调整的态势。既要把握经济全球化持续发展的大势，又要重视世界经济格局深刻演变的动向。既要把握国际环境总体稳定的大势，又要重视国际安全挑战错综复杂的局面。既要把握各种文明交流互鉴的大势，又要重视不同思想文化相互激荡的现实”。

大变局之中，既有乱局之扰、困局之难，也是布局之时、破局之机。只有深刻把握时代发展变化的趋势以及中外各国的发展优势、劣势，才能从“百年未有之大变局”中，把握百年未有之大机遇。

中国作为社会主义大国，始终坚持独立自主的和平外交政策，坚持走和平发展道路，正日益融入世界体系，为人类进步事业作出重大贡献，我国的国际影响力、感召力、塑造力不断增强。中华民族伟大复兴，是造成世界百年未有之大变局的重要原因；世界面临百年未有之大变局，给中华民族伟大复兴带来重大机遇。因此，更加需要坚持胸怀天下，准确分析和把握外部世界的变化，做出正确的决策与应对，为实现中华民族伟大复兴创造良好的外部环境。

三、把握中国发展大历史的必然要求

1. 坚持胸怀天下是中国得出的历史结论

中国历来用开放包容的眼光看待世界。中华民族很早就有协和万邦、天下大同的理想。中国共产党始终把为人类作出新的更大的贡献作为自己的使命。

毛泽东同志曾经说过，中国应当对于人类

有较大的贡献。新中国成立以来，我们始终坚持胸怀天下，正确认识和处理与世界的关系，为中国的发展创造了良好的外部环境，也成就了今日之中国。

以毛泽东同志为核心的党的第一代中央领导集体，在复杂多变的国际环境中确立了独立自主的和平外交政策，并提出和倡导和平共处五项原则。和平共处五项原则及“求同存异”方针，为解决包括不同社会制度国家在内的所有国际矛盾和争端提供了和平的政策和指导，成为国际社会普遍接受的维护国际安全的共同原则。进入 20 世纪 70 年代，毛泽东同志准确地分析了当时国际形势，并提出联美抗苏的“一条线”战略，实现了和美国的接触与和解，促成了尼克松访华，为中美建立外交关系奠定了基础，开启了中国融入现代世界体系的进程。

以邓小平同志为核心的党的第二代中央领导集体作出“和平与发展是当今世界两大主题”

的科学论断，这一论断为改革开放和建立全方位对外关系提供了有力支撑。1978 年十一届三中全会作出把党和国家的工作重心转移到经济建设上来，实行改革开放的伟大决策，中国从此迈上融入世界的快车道。

以江泽民同志为核心的党的第三代中央领导集体把维护世界和平，促进共同发展作为中国外交政策的宗旨，提出并践行“互信、互利、平等、协作”的“新安全观”，在国内外形势十分复杂、世界社会主义出现严重曲折的严峻考验面前捍卫了中国特色社会主义，成功地把中国特色社会主义推向 21 世纪。

以胡锦涛同志为总书记的党中央高举和平、发展、合作旗帜，提出走和平发展道路，奉行互利共赢开放战略，推动建设持久和平、共同繁荣的和谐世界等重大战略思想，我国全方位外交不断取得新进展，我国也实现了从生产力相对落后到经济总量跃居世界第二的历史性突破。

进入新时代，以习近平同志为核心的党中央把握新时代外交工作大局，紧扣服务民族振兴、促进人类进步这条主线，高举和平、发展、合作、共赢的旗帜，推进和完善全方位、多层次、立体化的外交布局，积极发展全球伙伴关系，并旗帜鲜明地提出推动构建人类命运共同体的倡议。正如《中共中央关于党的百年奋斗重大成就和历史经验的决议》指出，“经过持续努力，中国特色大国外交全面推进，构建人类命运共同体成为引领时代潮流和人类前进方向的鲜明旗帜，我国外交在世界大变局中开创新局、在世界乱局中化危为机”，为我国发展营造了良好的外部环境。

2. 坚持胸怀天下是实现民族复兴的必然要求

当今中国比历史上任何时期都更加接近世界舞台的中央，比历史上任何时候都更接近、更有信心和能力实现中华民族伟大复兴的目标。随着中华民族伟大复兴进入关键阶段，中国与世界的前途命运空前紧密地联系在一起。实现中华民族伟大复兴离不开和平的国际环境和稳定的国际秩序，实现民族复兴也需要有良好的国际形象。

改革开放以来，中国日益发展壮大，对世界经济增长的贡献率多年保持 30% 以上。中国走上了一条不同于历史上大国靠武力和掠夺崛起的新道路——和平发展道路，并旗帜鲜明地提出要始终不渝走和平发展道路和推动构建人类命运共同体。但这并没有打消外部世界特别是西方国家对中国不断壮大的担心与疑虑，他们本着国强必霸的冷战思维模式，认为中国崛起后一定会挑战现有世界秩序，因而不断制造针对中国的负面言论，如“中国威胁论”“中国崩溃论”“中国新殖民主义论”等，其中危害最大、持续时间最长，最有市场的是“中国威胁论”。“中国威胁论”根源于盛行西方的现实主义学派，他们认为权力是国家的最重要特征，国际政治的本质就是权力政治，大国力量的发展将不可避免地会扩散到政治和军事领域，经济强大—政治崛起—军事扩张是大国发展的必然逻辑，因而大国崛起将不可避免地导致扩张性的权力追求，进而产生新的权力冲突，并导致现有国际体系的不稳定、甚至战争。因此，西方一些人士从该理论出发，认为中国经济的发展必然导致军事实力和政治影响力的增强，中国必然会争夺世界权力，从而对亚洲乃至世界的安全稳定构成威胁。由此还引申出了其他的一些威胁论，如中国商品威胁论、中国能源威胁论、中国汇率威胁论、中国人口威胁论等。

这些负面论调的传播，实质上就是以美国为首的西方国家，出于意识形态和国家利益考虑，害怕中国的强大，要离间中国与世界各国尤其是与周边国家的关系，从而损害中国的国际形象，毒化中国的国际环境，阻碍和遏制中国的快速发展。如果对这种论调不加以重视、任其泛滥，必将恶化中国发展的国际环境，延缓中华民族复兴的步伐。

西方传播学有一个非常著名的理论叫“沉默螺旋”理论，该理论认为意见的表达和“沉默”的扩散是一个螺旋式的社会传播过程。占支配地位的舆论观点在传播过程中日益得到支持，形成类似于一种滚雪球般的放大效应；而少数人赞同的观点无人或很少有人理会，有时在遭到群起而攻之时便会逐渐沉默下去。一方意见的“沉默”导致另一方的增势，使“强势”意见更显强大，这种强大反过来又迫使更多的持不同意见者转向“沉默”。如此循环往复，便形成一方独大而另一方越来越沉默下去的螺旋发展过程，即“沉默的螺旋”现象。大众传播可通过营造“意见环境”来影响和制约舆论。这种现象实际上就是我们古人所说的

“众口铄金”“积毁销骨”“三人成虎”。沉默螺旋理论体现在外交领域则会形成这样的效应，即一国的国家形象如果不被自我表达，就必然被他者所表达，他者所表达的形象一旦经舆论广泛宣传，就容易为公众所内化，并成为一种背景因素影响相关国家领导人的决策思维和具体的对外政策。比如2003年美国为了服务其全球霸权战略，想要通过联合国安理会发动对伊拉克的战争，但遭到了法国、德国、俄罗斯等大国的坚决反对，美国决定绕开联合国，但需要得到美国国民的支持。美国政府便开动宣传机器制造伊拉克拥有大规模杀伤性武器的舆论，甚至说伊拉克总统萨达姆与基地组织本·拉登有联系。由于伊拉克缺乏相应的国际舆论传播手段，因此，美国国民广泛接受了美国政府宣传的观点，2003年3月下旬，在美国入侵伊拉克的几天之后，民调显示有71%的美国人支持动用武力的决定。时至今日，世界人民方知，当年美国声称伊拉克拥有大规模杀伤性武器就是一个惊天谎言。

“中国威胁论”的产生，一些是出于对中国的无知或误读，一些是出于焦虑，一些则是出于根深蒂固的偏见。中国如何发展？中国发展起来了将是一个什么样的国家？这成为我们实现中华民族伟大复兴道路上必须回答的问题。要树立起中国在世界上的良好形象，要让世界了解、理解中国，中国必须要正确认识和处理与外部世界关系，尤其是需要胸怀天下，提出让人信服的对外工作理念，不能陷入传播学中的“沉默螺旋”理论，要落实党的十九大提出的推动国际传播能力建设，从而为中国的发展、民族的复兴创造一个良好的外部环境，同时统筹好国际国内两个大局，为解决世界难题提供中国智慧、中国方案。

当前，世界面临百年未有之大变局，大国利益格局面临新一轮深度调整，个别国家奉行单边主义、霸权主义，给全球合作带来不小冲击。越是在这个时候，中国越应该保持定力，坚持世界眼光，秉持天下胸怀，以超越国别的全人类视野，大力倡导并推动人类命运共同体建设，把中国人民的利益同各国人民的共同利益结合起来，把中国梦同世界梦连接起来，赋予中华民族伟大复兴更加深刻的世界意义，展现中国将自身发展与世界共同发展相统一的全球视野、世界胸怀和大国担当。在构建人类命运共同体进程中，中国推动世界各国和平共处、良性互动、合作共赢，将为中华民族伟大复兴营造良好外部环境，为中华民族伟大复兴开辟新境界、提供新动力。因此，习近平总书记强调，把握国际形势要树立正确的历史观、大局观、角色观。所谓正确角色观，就是不仅要冷静分析各种国际现象，而且要把自己摆进去，在我国同世界的关系中看问题，弄清楚在世界格局演变中我国的地位和作用，科学制定我国对外方针政策。

新时代是我国日益走近世界舞台中央、不断为人类作出更大贡献的时代。中国与世界的关系已经发生了历史性变化，中国对世界的影响不断加深，世界对中国的影响也在不断加深。中国的发展，离不开和平的国际环境和稳定的国际秩序，离不开各国人民的理解、支持、帮助。同时，中国的发展必将给各国创造更多机遇，必将更好促进世界和平与发展。因此，我们要明确，中国共产党坚持胸怀天下，不仅关乎现在，也关乎未来；不仅关乎中国，也关乎世界。在今天这样一个面临各种挑战与全球性问题的时代，尤其需要中国以兼济天下的宽广胸怀，弘扬全人类共同价值，推动构建人类命运共同体。得人心者得天下，失人心者失天下。中国共产党坚持胸怀天下，“天下”也必将共享人类可持续发展的愿景。同时，我们要正确认识和准确把握外部世界变化的规律，既认清中国和世界发展大势，又看到前进道路上面临的风险挑战，才能未雨绸缪、妥善应对，为实现中华民族的伟大复兴奠定坚实的基础。

第三章

坚持胸怀天下的历史脉络

历史是最好的教科书。自古以来，中华文化中就流淌着“天下观”与“和文化”传统基因，中国人民历来都愿意与各国人民携手共建属于自己的家园。作为中华文化的忠实传承者，中国共产党始终胸怀天下，以世界眼光关注着人类前途命运。一百年来，一代一代中国共产党人自立立人，自达达人，顺时而为，始终把中国发展与人类命运紧密联系在一起，既为人民谋幸福、为民族谋复兴，又为人类谋进步、为世界谋大同。

一、新民主主义革命时期

1840年鸦片战争后，中华民族饱经风霜，中国人民历经磨难。无数仁人志士奋起抗争，各种救国方案轮番出台，但都以失败告终。十月革命一声炮响，给中国送来了马克思列宁主义，五四运动促进了马克思主义在中国的广泛传播，为中国共产党的成立作了思想上和组织上的准备。1921年7月，中国共产党应运而生，从此，中国革命的面貌焕然一新。党团结带领中国人民浴血奋战、百折不挠，推翻了帝国主义、封建主义、官僚资本主义三座大山，实现了民族独立、人民解放，也为世界反法西斯战争的胜利作出了重大贡献。中国革命的胜利，新中国的成立，极大地改变了世界政治格局，鼓舞了全世界被压迫民族和人民争取解放的斗争。

1. 推动建立世界反法西斯统一战线

以毛泽东同志为代表的中国共产党人对国际统一战线和国内统一战线的关注几乎是同步的。毛泽东同志早年就提出了联合全世界解放的民族，以建立国际统一战线的思想。1921 年 7 月，中国共产党成立后的第一个纲领就明确指出，要“联合第三国际”，与以苏联为首的社会主义国家建立国际统一战线。1926 年初，毛泽东同志明确提出，要建立国内和国际两条统一战线的主张：“欲求革命之成功，则国内国外之革命的联合战线，必须扩大而巩固之。”①

一是助推建立抗日国际统一战线。1931 年的“九一八事变”，中国抗日战争由此爆发。中国共产党从国家、民族利益出发，提出了建立

① 毛泽东年谱（1893—1949）：上卷［M］. 北京：中央文献出版社，1993：152.

抗日国际统一战线的战略主张，认为日本的侵略不仅是中国的问题，而且是应由太平洋地区所有国家来对付的问题。中国苏维埃和中国人民因此要同各国、各国人民、各党派和各群众组织团结起来，组成反对日本帝国主义的统一战线。中共中央调整策略，稳步推进抗日国际统一战线建立：一方面改变对敌斗争的策略，围绕“抗战”这个中心和目的，不再同时反对一切帝国主义国家，这样缓和了同英美法等国的关系；另一方面通过加强国际宣传，赢得了各国的同情和支持，同时加强同苏联的团结与合作，厚植了抗日的力量。抗日国际统一战线的建立，有力支援了中国抗战，为彻底摧毁日本法西斯的侵略和促成世界和平局面的形成作出了重大贡献。

二是召开东方各民族反法西斯大会。1936年，毛泽东同志在与斯诺的谈话中表露出与殖民地、半殖民地国家、地区民族结成反法西斯同盟的想法，这凸显了毛泽东同志作为一名共产主义革命家所具有的国际主义情怀。欧战爆发后，日本法西斯加速了其在亚太地区的侵略扩张，处在抗日前线的中国共产党亦加大了对东方各国、各民族的抗日组织与宣传工作。1941 年 10 月 26 日至 31 日，东方各民族反法西斯代表大会在延安召开，来自印度、菲律宾、缅甸、泰国、越南、朝鲜等地的 130 余名代表参会。次日，朱德出席大会并作了《建立东方各民族的反法西斯统一战线》的报告，指出：东方各民族的情况虽然不完全相同，但都受到日本法西斯的侵略和威胁，统一一切反对日本帝国主义的势力，组成反法西斯的统一战线，这是打倒法西斯主义或是阻止它发展的最大力量和武器。战争的最后胜利，无疑地将属于反法西斯营垒这一面。① 东方各民族反法西斯大会

① 中共中央文献研究室编. 朱德年谱（1886-1976）：中卷[M]. 新编本. 北京：中央文献出版社，2006：1082.

是在日本即将发动太平洋战争的前夕召开的，具有十分重大的意义，它“奠定了东方各民族团结的政治、组织基础，将东方各民族的反侵略斗争和解放运动推上一个历史的新阶段”①。

三是推动成立国际反法西斯同盟。苏德战争爆发后，1941年7月7日，中共中央在《解放日报》发表抗战四周年纪念宣言，其中指出：“目前是全世界法西斯阵线与反法西斯阵线的伟大斗争时代……惟有建立于反法西斯国际统一战线基础之上的坚决的斗争，方能制凶焰于已燃，挽狂澜于既倒。”② 基于对战争性质的判断，毛泽东同志提出了新形势下内政外交的十项主张，其中第一条便是“拥护国际反法西斯

---

① 庆祝东方各民族反法西斯大会开幕［N］. 解放日报，1941-10-27（1）.

② 中共中央文献研究室，中央档案馆. 建党以来重要文献选编（1921-1949）：第18册［M］. 北京：中央文献出版社，2011：487.

阵线"①。太平洋战争爆发后，中共中央又作出了《中共中央关于太平洋反日统一战线的指示》，"我全国人民，全体海外侨胞及南洋各民族在抗日战争中的中心任务，就是建立与开展太平洋各民族反日反法西斯的广泛统一战线"②。在以毛泽东同志为代表的中国共产党人的敦促、号召下，在惨痛的绥靖主义教训下，在全世界爱好和平的国家和人民的一致努力下，1942 年 1 月 1 日，美、英、苏、中等 26 个国家的代表在美国首都华盛顿签署了《联合国家宣言》，国际反法西斯同盟正式成立。

---

① 中共中央文献研究室，中央档案馆．建党以来重要文献选编（1921－1949）：第 18 册［M］．北京：中央文献出版社，2011：488.

② 中共中央文献研究室，中央档案馆．建党以来重要文献选编（1921－1949）：第 18 册［M］．北京：中央文献出版社，2011：732.

2. 关注参与国际政治事务

抗战时期，中国共产党虽未成为执政党，但总是从国际形势的大局来思索自身、国家和民族的生存、发展、前途等问题，对国际政治和军事局势发表看法和评论，努力争取中国应有的权利，扩大了其国际影响力。

一是认同和支持同盟国“先欧后亚”的世界战略。1941 年 1 月 29 日至 3 月 27 日，英美两国参谋部代表在华盛顿举行了协调全球战略的秘密会谈，会议最终正式明确反法西斯战争要执行“先欧后亚”的世界战略。这一战略虽然反映了世界反法西斯战争的主要矛盾，但却使得身处亚洲的中国丧失了战略的优先权，所以受到了中国国民党和国内舆论界的挑战，他们力主将“先欧后亚”战略变为“先亚后欧”，至少是“欧亚并重”。以毛泽东同志为代表的中国共产党人从世界反法西斯战争的大局出发，不仅高瞻远瞩地认同同盟国“先欧后亚”的世界战略，而且与国内持“先亚后欧”“欧亚并重”论者进行了长久的论战。《解放日报》多次发表社论，强调“先欧后亚”的正确性和必要性，指出世界三大战场以欧洲和大西洋战场为最重要，成为世界战局之重心和整个作战之枢纽，其他两个战场，虽亦为整个世界战争的重要组成部分，但处于辅助的地位，[①] 执轴心牛耳之法西斯德国一天未被推翻，则整个世界反侵略阵线的战略方针必以击败希特勒为中心，而不能将一切力量都用来对付比较次要的日寇[②]。

二是关注和回应同盟国高层会议。1943 年秋冬，世界反法西斯阵营内相继召开了三次高层会议——苏美英莫斯科三国外长会议、中美

① 世界战局与太平洋战争的特点［N］. 解放日报，1941-12-18（1）.

② 两周来的太平洋战局［N］，解放日报，1941-12-22（1）.

英开罗会议、美英苏德黑兰会议。当时处于非执政地位的中国共产党虽未能直接参与，但却高度重视并积极回应。例如，毛泽东同志对会议发表的宣言进行了评价：这是一个原则性的声明，这就是说，将来意大利人民选择民主制度，还是选择其他更进步的制度，他们是有权利的。莫斯科会议对意大利而言是一个范例，将来将以此对待一切法西斯国家。这是完全区别于第一次大战的东西，历史上凡尔赛的帝国主义精神被扫除了，给了战败国人民以自由解放的光明道路，这是苏联人民、英美人民及各国人民的伟大国际主义精神的集中表现。

三是重视并参与联合国创建事宜。《四国关于普遍安全的宣言》中明确提出战后要建立一个普遍性的国际组织，以维持国际和平与安全。对于这一新的国际组织构想，中国共产党充满期待。对于如何保证这一组织不重蹈国际联盟的覆辙，毛泽东同志给出的办法是：在国际关系上，各国都应该是民主的国家，并发生民主的相互关系……国内如此，新的国际联盟亦将是如此。只有民主的统一，才能打倒法西斯，才能建设新中国与新世界。1945 年 4 月25 日联合国制宪会议在美国旧金山召开，几经博弈，中共最终得以派董必武参加会议，并以中国代表团成员的身份在宪章上签下了自己的名字。这一具有重大历史意义的瞬间不仅向世人宣示了中国共产党及其领导下的解放区军民已是决定中国命运的一支重要力量，而且也镌刻了中国共产党对联合国创建所作出的努力和贡献。

二、社会主义革命和建设时期

新中国成立后，中国共产党在国内百废待兴的同时，依然将为全世界贫苦人民争取尊严、寻找出路的责任记在心里。这一时期，我们党坚持独立自主的和平外交政策，倡导和坚持和平共处五项原则，坚定维护国家独立、主权、尊严，支持世界被压迫民族解放事业、新独立国家建设事业和各国人民正义斗争，反对帝国主义、霸权主义、殖民主义、种族主义，有力维护了国际战略平衡和世界和平稳定。在复杂的国际背景下，新中国虽然积贫积弱，但仍然通过各种方式，对亚非拉国家开展了长期的军事、经济、技术和人员等方面的援助事业，广泛地团结了第三世界国家和民族，壮大了世界和平力量。

1. 支援被压迫民族的革命与经济发展

毛泽东同志一再强调："已经获得革命胜利的人民，应该援助正在争取解放的人民的斗争，这是我们的国际主义的义务。"在他看来，一方面，中国作为一个面积大、人口多的社会主义国家，应该对人类社会发展作出应有的贡献；

另一方面，中国的社会主义事业作为国际共产主义事业的一部分，支持和援助其他国家民族解放和独立运动，帮助其经济社会发展，这是共产党人义不容辞的国际义务。

一是坚定支持被压迫民族的独立解放运动。在毛泽东同志的支持和领导下，中国在国力有限的条件下依然为正在争取独立解放事业的民族和人民给予坚定支持。20 世纪 50 年代，中国人民以巨大牺牲援助了朝鲜人民的反侵略斗争；20 世纪 60、70 年代，对越南人民的反侵略斗争给予物资、人员等多方面的无私援助；对阿尔及利亚等非洲民族解放运动提供包括生活和军事物资在内的大量援助；对拉美国家的反美斗争也给予了广泛关注和积极援助。拉美地区民族解放运动的主要领导人切·格瓦拉于 1960 年 1 月率领古巴革命政府经济代表团对新中国进行了友好访问。毛泽东同志在与其会见时对拉美革命局势表示关切，对其抗美斗争的成果表示欣慰，也表示中国政府会大力支持拉美人民的革命事业。

二是大力援助新独立民族的经济发展事业。中国共产党不仅支持被压迫民族的革命事业，同时对那些新独立民族国家革命成果的巩固及民族经济的发展也抱以极大关注。毛泽东同志认为，获得独立之后，最重要的任务便是摆脱贫困，发展民族经济。中国不断加强与第三世界国家经济技术交流与合作，向广大亚非拉人民提供大量无私援助，从越南到摩洛哥，从运动场、电视转播台到石油钻井平台，中国对第三世界国家的援助在世界各国对外援助中名列前茅。例如，仅1967年，中国对外援助支出就达到19.94亿元，占当年国家财政支出的4.5%。在众多对外援助项目中，最具代表性的是坦赞铁路。坦赞政府就该铁路的修建事宜曾主动向苏联和西方发达国家提出过援建请求，这些国家在获悉施工成本过高、难度过大后拒绝了这一请求。

当坦赞政府向中国提出这一请求后，毛泽东同志亲自拍板决定援建坦赞铁路。在铁路修建期间，中国派出的专家技术人员多达 5 万多名，甚至有 65 名中国工程技术人员因此献出了宝贵生命。

2. 构建国际反帝反霸的统一战线

毛泽东同志认为，现代战争的主要根源是帝国主义和霸权主义，世界各国爱好和平的人民应联合起来制止帝国主义和霸权主义。

“一边倒”：建立反帝国际统一战线思想

二战后，苏联、中国等国人民饱受战争磨难，寄希望世界安定和平，来恢复发展生产，而以美国为首的帝国主义国家却频频在国际上挑起事端，制造矛盾。对于苏联，国际反动势力以“美苏必战”“第三次世界大战必然爆发”为论调，肆意制造紧张气氛。对此，毛泽东同志在《论人民民主专政》一文中义正词严地表明反对帝国主义的立场，旗帜鲜明地指出：我们要“联合世界上以平等待我的民族和各国人民，共同奋斗。这就是联合苏联，联合各人民民主国家，联合其他各国的无产阶级和广大人民，结成国际的统一战线”①。

“两个中间地带理论”：建立反帝反修国际统一战线思想

早在1946年8月，毛泽东同志在与美国记者安娜·路易斯·斯特朗谈话中，就提出了“中间地带”理论，认为二战后首先受到侵略的不是苏联，而是夹在美苏中间广大相对贫穷和落后的“中间地带”国家。随后国际形势的发展也充分验证了毛泽东同志的战略预判。

20世纪50年代后期，中苏关系日趋恶化，中美关系依然紧张，但此时美苏各自的盟国却日益暴露出独立自主的倾向。社会主义阵营出现分化，资本主义阵营内部也存在尖锐矛盾。

---

① 毛泽东选集：第4卷［M］. 北京：人民出版社，1991：1472.

毛泽东同志认为，在苏美之间有两个中间地带，并指出中间地带分两部分，这两部分都极力反对美国的控制；东欧各国则极力反对苏联的控制。面临来自美、苏的巨大压力，毛泽东同志积极寻求战略上的突破，果断做出把国际战略从“一边倒”调整为“两个拳头打人”，即在世界范围联合中间地带国家，同时建立反对美帝国主义和反对苏联修正主义的统一战线。

“三个世界划分理论”：建立国际反霸统一战线思想

20 世纪 60 年代末，国际形势开始发生重大转折。世界上各种政治力量经过大分化、大改组，不断变化的政治力量挑战着战后美苏两极对立的国际格局，使之朝着多极化方向发展。在此背景下，毛泽东同志认为，当前世界的主要矛盾是争霸与反霸的矛盾，世界人民的主要任务是反对霸权主义。

1974年，毛泽东同志在会见赞比亚总统卡翁达时，提出了“三个世界”划分理论。“我看美国、苏联是第一世界。中间派，日本、欧洲、澳大利亚、加拿大，是第二世界。咱们是第三世界……亚洲除了日本，都是第三世界。整个非洲都是第三世界。拉丁美洲也是第三世界。”“三个世界”划分理论使我们明确了斗争的矛头，分清了“谁是我们的敌人，谁是我们的朋友”，为我们在国际上依靠谁、联合谁、反对谁指明了方向。根据这一划分，中国作为第三世界的一员，要加强同广大第三世界国家的团结，争取第二世界国家，联合反对超级大国的控制和压迫。毛泽东同志在同来访的亚、非、拉外宾谈话时也反复强调，中国永远属于第三世界国家，永远不称霸，不搞大国主义、霸权主义和强权政治。由此，中国走出了一度在国际上比较孤立的困境，成为遏制霸权主义、强权政治的主要力量，不但为中国后来实行真正意义上的对外开放开辟了道路，而且为世界反霸斗争和世界政治前途创造了新的发展条件。

3. 倡导平等互助、自力更生

坚持独立自主的和平外交政策，倡导和坚持和平共处五项原则，坚定维护国家独立、主权和尊严，尊重其他国家的主权，是中国共产党一以贯之的路线和方针。

一是尊重受援国主权。中国共产党在开展外援过程中始终强调尊重受援国的民族自尊心，从不盛气凌人，也不附加任何不平等的政治条件，这与美苏等西方国家的对外援助有本质的区别。1950 年 4 月，应越共中央请求，中共中央决定组建援越军事顾问团进行援越抗法战争。在接见顾问团成员时，毛泽东同志强调，不要有大国的思想，不要看不起人家，不要以胜利者自居，不要盛气凌人，仍然要戒骄戒躁，要把他们的解放事业当作我们自己的事业。抗美援朝时，毛泽东同志专门发出命令，要求志愿军“必须对朝鲜人民、朝鲜人民军、朝鲜民主政府、朝鲜劳动党（即共产党）、其他民主党派及朝鲜人民的领袖金日成同志表示友爱和尊重”①。尊重受援国主权，不干涉别国内政，这是中国共产党外交外援活动的基本原则之一。对此，受过援助的坦桑尼亚前总统尼雷尔曾这样描述我国的外交外援活动：无论是在中国给予我们的巨大的经济和技术援助中，还是我们在国际会议的交往中，中国从来没有一丝一毫要左右我们的政策或损害我们国家主权和尊严的企图。

二是提出和平共处五项原则。毛泽东同志坚持认为，国家之间不应以人口多寡、实力大小等因素划分等级，在国际关系中各国应处于平等地位。1954 年 4 月，中、印两国签订《关

① 毛泽东文集：第 6 卷［M］. 北京：人民出版社，1996：100.

于中国西藏地方和印度之间的通商和交通协定》，第一次提出“和平共处五项原则”。同年 6 月，中国在与印度、缅甸的联和声明中再次重申“和平共处五项原则”，并一致认为“和平共处五项原则”适用于一般的国际关系。“和平共处五项原则”的提出成为各国发展相互关系的基本准则，也成为构建和谐国际政治秩序的新理念。20 世纪 60 年代初，毛泽东同志与来访的非洲客人谈及“中国对外援助八项原则”时郑重表示：“我们一定要实行八项原则。如果我们不执行其中任何一项，那就不行，对你们不利，对我们也不利。到外国去剥削人家，对我们有什么好处？”① 中国政府发表的这一系列主张和做法，契合了当时正在兴起的民族独立国家渴望改变长期存在的不平等、不合理的国际秩序的共同心愿，赢得了他们的支持和

① 毛泽东外交文选［M］. 北京：中央文献出版社，世界知识出版社，1996：527.

赞扬。

三是鼓励受援国自力更生。20 世纪 50 年代，鉴于中苏关系变化而导致的苏联逼债的深刻历史教训，以毛泽东同志为核心的党中央对“外援”有了更全面的认识：外援固然重要，但自力更生更加重要。1957 年 5 月，毛泽东同志在答复蒙古人民共和国关于请求中方供给劳动力和派遣技术人员援助的信函中表示：“总之，一切都应该根据你们的需要，并且对于你们方便，作出决定。”① 旨在提醒对方要慎重对待外援，要把外援与本国实际情况有机结合起来，强化自力更生的能力。在面对亚非拉受援国时，毛泽东同志也反复提醒“要以自力更生为主，争取外援为辅”②。中国对外援助的目的，旨在提供必要的帮助，以此来推动亚非拉各国政治独立和经

① 毛泽东文集：第 7 卷［M］. 北京：人民出版社，1996：301.

② 毛泽东年谱（1949－1976）：第 4 卷［M］. 北京：中央文献出版社，2013：349.

济社会发展，并不是要大包大揽、包办代替，造成受援国的政治依附和经济依赖。中国共产党一贯主张："被压迫人民争取彻底的解放，首先是依靠自己的斗争，其次才是国际的援助"①。

三、改革开放和社会主义现代化建设新时期

20 世纪 70 年代，和平的呼声在世界高涨，第三世界逐渐崛起，世界格局朝多极化趋势发展。与此同时，经济全球化、科学技术迅猛发展，各个国家之间的合作逐渐增多。党的十一届三中全会后，做出了将工作重点转移到"经济建设"上来的决定，实行改革开放。这一时期，在大力引进国外资金、先进技术的同时，也关注着国际形势的变化，以更加多元化的方

① 建国以来毛泽东文稿：第 10 册［M］. 北京：中央文献出版社，1988：339-430.

式帮助第三世界国家和人民进行经济社会建设，通过构建新型国际秩序，维护世界和平。

1. 审时度势，更新时代主题

二战结束后，以美苏对抗为特征的两极格局仍未走出“战争与革命”的旧主题，这是我国对当时国际形势的判断。而20世纪70年代以来，国际政治出现由紧张转向缓和、由对抗转向对话的趋势，世界人民也强烈期盼长久和平。邓小平同志敏锐地把握到这一国际形势新变化，判断世界大战打不起来。1984年10月，邓小平同志在会见缅甸总统吴山友时指出，“国际上有两大问题非常突出，一个是和平问题，一个是南北问题。还有其他许多问题，但都不像这两个问题关系全局，带有全球性、战略性的意义”①。“和平与发展仍然是当今世界两大

① 邓小平文选：第3卷［M］. 北京：人民出版社，1993：96.

主题”作为党的十四大的正式表述被提到关键位置，成为我国和平发展外交战略的逻辑起点和思想基石。在这一判断的基础上，中国实行独立自主的和平外交政策，中国外交宗旨的表述由“反对霸权主义、维护世界和平”，逐步调整为“维护世界和平、促进共同发展”。去掉“反对霸权主义”的提法，并不是意味着中国不再反对霸权主义，而是由于时代主题的变化，霸权主义已不再是世界主要矛盾，同时“维护世界和平”中已蕴含反对霸权的深刻内涵。而增加“促进共同发展”这一重要内容，是中国领导人在和平与发展新趋向的基础上，做出的一个富有建设性的改变，直接回应了时代主题和世界人民注重发展的呼声和需求，具有深远的历史意义和国际影响。①

1994 年 11 月 15 日，江泽民同志在亚太经

---

① 宫力. 当代中国外交：70 年的探索与启示［J］. 国际观察，2019. 4：6.

济合作组织第二次领导人非正式会议上指出，如何更有效地维护世界和平、促进经济发展，把一个和平、繁荣、美好的世界带入21世纪，是当前各国人民正在严肃思考的问题，也是我们这一代领导肩负的重大历史使命。① 这里首次把促进经济发展与维护世界和平并列起来进行表述，这又是一个重大变化。2002年11月，党的十六大召开，江泽民同志在总结13年历史经验时将“坚持独立自主的和平外交政策，维护世界和平、促进共同发展”列为党领导人民建设中国特色社会主义必须坚持的十条基本经验之一。②

2007年10月，胡锦涛同志在党的十七大报告中进一步指出：“不管国际风云如何变幻，中国政府和人民都将高举和平、发展、合作旗帜，奉行独立自主的和平外交政策，维护国家主权、

---

① 江泽民文选：第1卷［M］. 北京：人民出版社，2006：413.

② 中共中央文献研究室. 十六大以来重要文献选编：上［M］. 北京：中央文献出版社，2005：36.

安全、发展利益，恪守维护世界和平，促进共同发展的外交政策宗旨。”①

2. 改变方式，受援外援并重

20 世纪 70 年代是中国世界角色发生重大变化的时期，中国恢复在联合国的合法席位以后，国际交往不断拓宽。除了继续并扩大了对发展中国家的援助以外，中国还相继恢复或建立了与一些西方发达国家的外交关系，对外经济交往面随之扩大。在国际援助领域里，这种地位和作用是双重的，既是受援国也是援助国。为致力于社会主义现代化建设，中国需要借助西方发达国家的资金、技术、知识和经验，尽快把自己的国家建设起来；同时，作为发展中国家的一员，中国又需要继续向其他发展中国家

---

① 胡锦涛. 高举中国特色社会主义伟大旗帜 为夺取全面建设小康社会新胜利而奋斗：在中国共产党第十七次全国代表大会上的报告［M］. 北京：人民出版社，2007.

提供力所能及的援助。对此，邓小平同志曾说：“我们现在还很穷，在无产阶级国际主义义务方面，还不可能做得很多，贡献还很小。到实现了四个现代化，国民经济发展了，我们对人类特别是对第三世界的贡献可能会多一点。”[①]

1979年，中国开始大量利用多边国际援助，接着又开始接受来自日本、德国等发达国家的双边援助，曾经一度成为世界上最大的受援国。[②] 在成为受援国的同时，中国并没有终止对第三世界的援助。邓小平同志针对中国对外援助工作中力不从心的问题，在中央外事工作会议上提出了“要缓口气”的意见，也就是说，要实事求是地通过修改援外的具体方法，“真正使受援国得到益处”。邓小平同志提倡的是一种“少花钱、多办事”的援助方式，一方面削减中

---

① 邓小平文选：第2卷［M］. 北京：人民出版社，1993：112.

② 周弘. 中国对外援助与改革开放30年［J］. 世界经济与政治，2008（11）：36.

国的外援开支，另一方面要保证受援国能够从中国的援助中获得实实在在的好处。1983 年，中共中央对原来的“八项原则”进行了修改，提出了“平等互利，讲求实效，形式多样，共同发展”的四项原则。同时，采取了一系列措施：一是有意识地削减朝鲜、越南、阿尔巴尼亚等少数国家的援助份额，增加对拉美、中东以及部分非洲国家的援助，这样使得中国对外援助的布局更加合理，更好地拓展了中国的外交局面；二是开始要求受援国支付“当地费用”，这不仅能控制中国在对外援助方面的总支出，也为受援国参与项目管理，实现自力更生创造了很好的条件；三是减少生产性和大型项目的援建，增加标志性建筑援建和贴近人民生活的中小型项目的援建；四是派遣专家向受援国提供技术援助，并接受受援国人员来华参加学习和培训；五是加强对援外项目的管理，注重培养受援国的“造血能力”。

通过这一系列措施，中国的外援工作不仅没有因削减开支受到影响，反而更好地促进了受援国的发展，实现了互利共赢。

3. 扩大开放，推动全球发展

改革开放后，中国经济快速发展，综合国力明显增强，国际地位不断提高，在国际社会中逐渐承担起更多的大国责任。1998 年，江泽民同志在驻外使节会议上表明，随着我国国际地位的提高，我们所承担的国际责任也越来越大，国际社会特别是广大发展中国家也希望我们这样做。我国作为最大的发展中国家，应该发挥自己应有的作用。2001 年 12 月，中国正式加入 WTO，在享有相关权利的同时也履行更多的国际义务，承担更多的国际责任，为推动世界经济发展贡献自身力量。

2005 年 9 月 16 日，胡锦涛同志在联合国发展筹资高级别会议上宣布了中国对外援助的

“五大举措”。2006 年伊始，中国政府又发表了《中国对非洲政策文件》，提出建立政治平等互信、经济合作共赢、文化交流借鉴的新型战略伙伴关系。2006 年 11 月，中非合作论坛北京峰会通过《中非合作论坛——北京行动计划（2007—2009）》，胡锦涛同志在会议上宣布了中国对非援助的“八项政策措施”。① “五大举措”和“八项政策措施”标志着中国对外援助工作开始了新的里程。从 90 年代后期开始，中

① 中国援非“八项政策措施”包括：（1）增加对非洲的援助力度，到 2009 年对非援助将比 2006 年翻一番；（2）2006—2009 年，向非洲提供 30 亿美元的优惠贷款和 20 亿美元的优惠出口买方信贷；（3）设立中非发展基金，用以鼓励和支持中国企业到非洲投资，基金总额将逐步达到 50 亿美元；（4）援建非洲联盟会议中心，支持非洲国家联合自强；（5）免除同中国有外交关系的所有非洲重债穷国和最不发达国家的 2005 年到期政府无息贷款债务；（6）非洲最不发达国家对华出口享受零关税的商品从 190 个扩大到 440 多个；（7）2006—2009 年，中国在非洲国家建立 3~5 个经济贸易合作区；（8）2006—2009 年，中国为非洲培训 1.5 万名各类人才，向非洲派遣 100 名高级农业技术专家，在非洲建立 10 个有特色的农业技术示范中心；为非洲援建 30 所医院，提供 3 亿元人民币无偿援款用于防治疟疾，建立 100 所农村学校，留学生奖学金从每年 2000 人次增加到 4000 人次。

国多次扩大对外援助数额，特别是增加了对最不发达国家的援助。据统计，1995 年中国对外援助总额约为 29 亿元人民币，到 2000 年中国对外援助的数额已经超过 45 亿元。从 2004 年到 2009 年，中国对外援助数额的平均年增长率达到 29.4%。[①]

这个时期里，无论外界的舆论压力有多大，中国对外援助最本质的特征仍然是坚持“不干涉内政”原则，不对受援国附加任何政治条件；以受援国的经济和社会发展需求为主要目的，提供多种形式的对外援助，遵循发展的规律，根据受援国和中国的比较优势，支持健康、教育、农业、能源、交通等领域的发展；坚持平等互利、“多予少取”、共同发展；积极推动受援国的能力建设和人才培养；关注援助效果的可持续性和受援国的可持续发展；推动国际经

---

① 中华人民共和国国务院新闻办公室. 中国的对外援助（2011）白皮书.

济规则的合理化。

4. 不断深入，拓展国际秩序观

旧的国际秩序是帝国主义殖民政策的产物，带有强烈的霸权主义和强权政治色彩，实际上是由少数几个大国垄断国际事务，它越来越遭到世界多数国家的反对。因此，改革国际旧秩序，建立国际新秩序是世界多数国家和人民的迫切要求。邓小平同志顺应时代潮流，在 20 世纪 80 年代末提出了建立公正合理的国际政治经济秩序的主张，得到世界多数国家的积极支持和普遍赞赏。

中共十三届四中全会以来，江泽民同志根据国际形势的新变化，完整系统地阐述了建立国际新秩序的思想，他认为，国际新秩序的框架体系包含政治、经济、文化和安全四个方面的内涵。在政治上，各国“应相互尊重，共同协商，而不应把自己的意志强加于人”；在经济上，各国“应相互促进，共同发展，而不应造成贫富悬殊”；在文化上，各国“应相互借鉴，共同繁荣，而不应排斥其他民族的文化”；在安全秩序上，各国“应相互信任，共同维护，树立互信、互利、平等和协作的新安全观，通过对话和合作解决争端，而不应诉诸武力和以武力相威胁”。江泽民同志把邓小平同志的国际新秩序的内容从政治、经济两个方面拓展到政治、经济、文化和安全四个方面，进一步丰富和发展了邓小平同志的国际新秩序观的内容。

2005 年 4 月 22 日，胡锦涛同志在出席 2005 年亚非峰会时发表的谈话中提出，亚非国家应“推动不同文明友好相处、平等对话、发展繁荣，共同构建一个和谐世界”①。“和谐世界”作为一个特定政治概念第一次出现于国际舞台。

---

① 胡锦涛. 与时俱进继往开来，构筑亚非新型战略伙伴关系［N］. 人民日报，2005-04-23（01）.

四、中国特色社会主义进入新时代

当今世界多极化、经济全球化、社会信息化、文化多样化深入发展，科技革命孕育新突破，各国之间相互联系空前紧密，国际合作和全球治理向全方位、多层次纵深发展。进入新时代的中国共产党，顺应历史潮流，以敏锐洞察力和深邃的世界眼光，提出了构建人类命运共同体的重要思想。2013 年 3 月，习近平主席在莫斯科国际关系学院发表演讲时指出："人类生活在同一个地球村里，生活在历史和现实交汇的同一个时空里，越来越成为你中有我、我中有你的命运共同体"。[1]

---

① 习近平. 习近平谈治国理政 [M]. 北京：外文出版社，2014：272.

1. 建立平等相待、互商互谅的伙伴关系

习近平总书记反复强调，世界的前途命运必须由各国共同掌握。世界各国一律平等，不能以大压小、以强凌弱、以富欺贫。主权原则不仅体现在各国主权和领土完整不容侵犯、内政不容干涉，还应体现在各国自主选择社会制度和发展道路的权利应当得到维护，体现在各国推动经济社会发展、改善人民生活的实践应当受到尊重，走出一条“对话而不对抗，结伴而不结盟”的国与国交往新路。“协商是民主的重要形式，也应该成为现代国际治理的重要方法，要倡导以对话解争端、以协商化分歧。”①

一是秉持新型全球治理观。党的十九大报告明确提出，中国秉持共商共建共享的新型全球治理观，这是对全球治理理念的创新和丰富，

---

① 习近平. 习近平谈治国理政：第二卷［M］. 北京：外文出版社，2017：523.

其蕴含主权平等、公平正义的理念，符合《联合国宪章》确立的国际关系的基本准则，反映了人类共同价值，有利于塑造世界和平。近年来，中国成功主办亚洲相互协作与信任措施上海峰会、亚洲太平洋经济合作组织领导人非正式会议、“一带一路”国际合作高峰论坛、金砖国家领导人厦门峰会、二十国集团领导人杭州峰会等。发起创办亚洲基础设施投资银行，促进亚洲的互联互通和经济一体化进程，加强中国及其他亚洲国家和地区的合作。设立丝路基金，重点在“一带一路”发展进程中寻找投资机会并提供相应的投融资服务。设立南南合作援助基金，支持发展中国家落实 2015 年后可持续发展议程。① 这些措施给全球治理提供了新平台、新机制和新动力。

二是积极发展全球伙伴关系。进入 21 世纪

① 吴晓明. “中国方案”开启了全球治理的新文明类型［J］. 中国社会科学，2017（10）：6-17.

后，国际社会进入格局调整、秩序转型和体系变革的关键时期，习近平总书记提出了构建新型国际关系的倡议。构建新型国际关系的前提是相互尊重，准则是公平正义，目标是合作共赢，重要抓手是积极发展全球伙伴关系。目前，中国已经同世界上 100 多个国家和区域组织建立不同形式的伙伴关系，实现了对大国、周边和发展中国家的全覆盖。构建新型国际关系的倡议站在了维护世界和平的战略高度，倡导以对话代替对立、以合作代替对抗，主张各国通过不断扩大合作有效应对日益增多的全球性挑战，协力解决关乎世界发展和人类进步的重大问题。

2. 营造公道正义、共建共享的安全格局

新中国成立以来，面对不断变化的国际国内环境，我国的安全观不断调整，日益完善，在保障自身安全的同时，也为地区与世界的和平作出了重要贡献。2014 年 4 月，习近平总书

记在中央国家安全委员会第一次全体会议上首次提出总体国家安全观，强调在新形势下安全的内涵和外延比历史上任何时候都丰富，并首次系统提出了 11 种安全。在安全主体上，由国家安全逐步拓展到国际安全和人的安全；在安全路径上，实现从同盟安全、自主安全到共同、综合、合作、可持续的安全的重大转变，强调只有坚持共同、综合、合作、可持续的新理念，同心协力应对各种问题，才能实现共享尊严、共享发展成果、共享安全保障。

在经济全球化的时代，各国安全相互关联、彼此影响。没有一个国家能凭一己之力谋求自身绝对安全，也没有一个国家可以从别国的动荡中收获稳定。弱肉强食是丛林法则，不是国与国相处之道。穷兵黩武是霸道做法，只能搬起石头砸自己的脚。习近平总书记倡导摒弃一切形式的冷战思维，树立共同、综合、合作、可持续安全的新观念；充分发挥联合国及其安理会在止战维和方面的核心作用，通过和平解决争端和强制性行动双轨并举，化干戈为玉帛；推动经济和社会领域的国际合作齐头并进，统筹应对传统和非传统安全威胁，防战争祸患于未然。

3. 谋求开放创新、包容互惠的发展前景

2008 年爆发的国际经济金融危机告诉我们，放任资本逐利，其结果将是引发新一轮危机。缺乏道德的市场，难以撑起世界繁荣发展的大厦。富者愈富、穷者愈穷的局面不仅难以持续，也有违公平正义。要用好“看不见的手”和“看得见的手”，努力形成市场作用和政府作用有机统一、相互促进，打造兼顾效率和公平的规范格局。

一是促进自由贸易区建设。作为经济全球化的积极参与者、坚定支持者、重要建设者和受益者，中国坚决反对各种形式的贸易保护主义，推进全球贸易投资自由化便利化，坚持奉

行互利共赢的开放战略，并以自身开放引领建设开放型世界经济。2016 年 9 月，在二十国集团杭州峰会上，中国推动通过《二十国集团全球投资指导原则》，这是全球首份关于投资政策的多边纲领性文件。在博鳌亚洲论坛 2018 年年会开幕式上，习近平主席宣布了包括大幅度放宽市场准入、创造更有吸引力的投资环境、加强知识产权保护、主动扩大进口在内的多项扩大开放的重大举措。

2022 年 1 月 1 日，区域全面经济伙伴关系协定（RCEP）正式生效，这个主要由东盟与中国推动建立的全球最大的自贸区扬帆起航。RCEP 整合并拓展了东盟 10 国同中、日、韩、澳、新五国多个自由贸易协定，在区域内打造统一的经贸规则，削减关税和非关税壁垒，建立了开放的区域大市场，助推区域经济一体化加速形成，推动亚太区域一体化进程。对中国而言，RCEP 是中国对外签署的第 19 个自贸协定，同时也是中国参与的经济体量与影响力最大的自贸区，不仅成为中国推动高水平对外开放和构建双循环发展新格局的重要平台，也将为中国企业拓展对外经贸合作的空间、增强国际竞争力提供新的发展机遇。RCEP 的正式生效将进一步激发本地区各领域合作潜力，缓解逆全球化和疫情冲击带来的压力，向世界释放共享市场、共同繁荣的互利共赢红利，为自由贸易和多边主义注入全新活力。除了加入 RCEP 以外，中国还提出加入“全面与进步跨太平洋伙伴关系协定”（CPTPP），以及数字经济伙伴关系协定（DEPA）。共谋发展是历史潮流，互利共赢是人心所向，中国愿同世界各国一道，共建开放型世界经济，让开放的春风温暖世界。

二是提出共建“一带一路”倡议。2013 年 9 月和 10 月，习近平主席在出访哈萨克斯坦和印度尼西亚期间，先后提出合作共建“丝绸之路经济带”和“21 世纪海上丝绸之路”的倡议，为推动构建人类命运共同体搭起一个全球性的务实合作平台，从而使“各国经济联系更加紧密、相互合作更加深入、发展空间更加广阔”。[①] 党的十八大以来，共建“一带一路”逐渐从倡议变为行动，从理念转化为实践，成为开放包容、务实合作的一个平台，受到各方普遍欢迎，100 多个国家和国际组织积极支持和参与，共享机遇、共迎挑战、互通有无、优势互补。自 2013 年以来，一大批有影响力的标志性项目顺利落地，中国与许多国家发展战略顺利对接，基础设施互联互通水平快速提升，共同发展、共同繁荣，形成了各方携手共建“一带一路”的新局面。

4. 促进和而不同、兼收并蓄的文明交流

党的十八大以来，习近平总书记反复强调，

① 习近平. 习近平谈治国理政［M］. 北京：外文出版社，2014：289.

文明特别是思想文化是一个国家、一个民族的灵魂。每一种文明都凝聚着一个国家、一个民族的非凡智慧和精神追求，都有自己存在的价值。人类文明多样性赋予这个世界姹紫嫣红的色彩，因此绝没有高低优劣之分，“认为自己的人种和文明高人一等，执意改造甚至取代其他文明，在认识上是愚蠢的，在做法上是灾难性的！”[①] 人类历史就是一幅不同文明相互交流、相互融合的宏伟画卷。我们要尊重各种文明，平等相待，互学互鉴，兼收并蓄，推动人类文明实现创造性发展。为此，他倡议召开亚洲文明对话大会，以便“亚洲人民享受更富内涵的精神生活，让地区发展合作更加活力四射”[②]；倡议中国和欧洲“建设文明共荣之桥，把中欧

① 习近平. 深化文明交流互鉴 共建亚洲命运共同体：在亚洲文明对话大会开幕式上的主旨演讲［N］. 光明日报，2019-05-16（02）.

② 习近平. 迈向命运共同体 开创亚洲新未来：在博鳌亚洲论坛2015年年会上的主旨演讲［N］. 人民日报，2015-03-29（02）.

两大文明连接起来”①；倡议中国和阿拉伯国家“一道努力，倡导文明宽容，防止极端势力和思想在不同文明之间制造断层线”②；倡议中国和拉丁美洲促进“加强文明对话和文化交流……成为不同文明和谐共处、相互促进的典范”③；倡议中国和非洲促进“文明交流互鉴、交融共存，为彼此文明复兴、文化进步、文艺繁荣提供持久助力，为中非合作提供更深厚的精神滋养”④。实践证明，不同文明的交流互鉴已经成为增进各国人民友谊的桥梁、推动人类社会进步的动力、维护世界和平的重要纽带。

---

① 习近平. 论坚持推动构建人类命运共同体［M］. 北京：中央文献出版社，2018：103.

② 习近平. 论坚持推动构建人类命运共同体［M］. 北京：中央文献出版社，2018：210.

③ 习近平. 习近平谈治国理政［M］. 北京：外文出版社，2014：311-312.

④ 习近平. 携手共命运同心促发展——在2018年中非合作论坛北京峰会开幕式上的主旨讲话［N］. 人民日报，2018-09-04（02）.

5. 构筑尊崇自然、绿色发展的生态体系

习近平总书记长期关注并高度重视生态环境问题，他指出“我们要构筑尊崇自然、绿色发展的生态体系。人类可以利用自然、改造自然，但归根结底是自然的一部分，必须呵护自然，不能凌驾于自然之上。我们要解决好工业文明带来的矛盾，以人与自然和谐相处为目标，实现世界的可持续发展和人的全面发展”①，“建设生态文明关乎人类未来。国际社会应该携手同行，共谋全球生态文明建设之路，牢固树立尊重自然、顺应自然、保护自然的意识，坚持走绿色、低碳、循环、可持续发展之路。在这方面，中国责无旁贷，将继续作出自己的贡献。同时，我们敦促发达国家承担历史性责任，兑现减排承诺，并帮助发展中国家减缓和适应

① 中共中央文献研究室. 十八大以来重要文献选编：中［M］. 北京：中央文献出版社，2016：697-698.

气候变化”。[①] 例如，在应对全球气候变暖问题上，中国主动增加国际发展援助，宣布建立 200 亿元人民币规模的中国气候变化南南合作基金，支持其他发展中国家应对气候变化。作为世界第二大经济体、最大出口国与最大能源消费国，中国在全球绿色低碳转型进程中处于举足轻重的位置，2021 年 2 月 2 日召开的中央财经委员会第九次会议强调，我国力争 2030 年前实现碳达峰，2060 年前实现碳中和，这是党中央经过深思熟虑作出的重大战略决策，是对推动落实应对气候变化《巴黎协定》所迈出的重要一步，展现了中国作为一个负责任的大国对建设人类命运共同体的担当，将在经济、能源和环境等方面，给中国乃至全球带来深刻影响。

---

① 中共中央文献研究室．十八大以来重要文献选编：中［M］．北京：中央文献出版社，2016：697-698.

第四章

坚持胸怀天下的目标任务

随着全球化进程的加快，国与国之间、民族与民族之间的相互联系、相互依存的程度得到空前加强。当前国际社会依然面临局部冲突、贫富差距、文化差异、传统与非传统安全、气候变化等全球性议题和深层次问题。如何解决这些问题成为世界各国的重大现实关切。面对世界百年未有之大变局，中国坚持世界眼光，秉持胸怀天下，站在维护全人类利益的高度，提出了构建人类命运共同体的可行方案。

一、推动建设一个持久和平的世界

虽然和平与发展是当今时代的主题，但天下

并不太平。霸权主义与强权政治带来的地区冲突、民族矛盾、教派纷争在一些国家和地区不断上演，战争依然是悬挂在人类头顶的达摩克利斯之剑。正如习近平主席所说："这 100 多年全人类的共同愿望，就是和平与发展。然而，这项任务至今远远没有完成。"① 推动建设一个持久和平的世界是世界各国人民的期待。中国共产党在综合考量各方利益与人类共同福祉的基础上提出了自己的建设性方案。

1. 提倡相互尊重、平等互信的新型国际关系

主权国家是人类社会最重要的组织单位，各主权国家只有本着相互尊重和平等互信的态度交往，才能促进世界和平与发展。这是从世界历史发展中得出的科学结论。

尊重独立主权是和平之石。恩格斯指出：

---

① 习近平. 共同构建人类命运共同体：在联合国日内瓦总部的演讲［N］. 人民日报，2017-01-20（02）.

“一个大民族，只要还没有民族独立，历史地看，就甚至不能比较严肃地讨论任何内政问题”。[①] 这充分说明，主权独立是进行沟通、合作和交往的基础。当今世界，一方面，由于每个国家的国情不同，各国有选择本国发展道路和制度的自由，别国无权把自己的意志强加给他国。在经济全球化时代，各国命运相连，相互尊重不仅是可能的，而且是必需的。各国不能因社会制度、发展道路、意识形态的不同而起战乱，要超越制度、道路、意识形态的界限，彼此尊重、彼此信任。

各成员之间平等相待是和平之基。平等的伦理精神可以保障真正和平与持久和平的实现。一个不平等、充满对抗的世界，是难以实现全面而持久和平目标的。仅仅没有军事冲突现象而没有平等相处伦理道德基础的和平，不是真

① 马克思恩格斯文集：第 10 卷［M］. 北京：人民出版社，2009：471.

正意义的和平，更不能成为持久的和平。[1]

增强互信是和平的保障。加强交流合作，寻求共同利益，传递和平信息，就要增进互信。平等互信需要秉持共同的理念，比如：遵守《联合国宪章》的宗旨、原则和公认的国际法，反对以大欺小、恃强凌弱、倚富压贫，奉行多边主义和国际合作，摒弃冷战热战思维和我赢你输、我兴你衰、我得你失的“零和”博弈观念等。只有相互信任而不是相互猜疑、相互合作而不是相互对抗，各国才能和睦相处，世界才能和平安宁。

2. 构建对话不对抗、结伴不结盟的伙伴关系

回首古今中外，国家间为了实现安全，经常会选择用结盟的方式来拉近国家间距离，成

---

① 汪璐. 试论人类命运共同体框架下的世界和平［J］. 国防. 2019（6）：20.

为各式各样的盟友。比如：中国春秋战国时期合纵连横策略下变化莫测的各种同盟、古希腊数目繁多的城邦联盟，近有民族国家缔结的各种反霸同盟、第一次世界大战的“三国协约”和“三国同盟”、第二次世界大战后的东西方阵营，现今也仍然存在的以美国为首的军事联盟体系，等等。结盟是传统国际关系体系中的一种常态。20 世纪五六十年代，以美苏为首的两大军事联盟的对抗对世界的安全产生了严重威胁。国际社会开始认识到结盟引发对抗，对抗导致冲突和战争。因此，印度、南斯拉夫和埃及共同提出不结盟运动，宗旨是独立、自主和非集团化，不结盟运动受到发展中国家的广泛支持与普遍认同。

中国始终秉持结伴不结盟的外交政策。1992 年，中国成为不结盟运动的观察员，强力支持不结盟运动，推行不结盟外交政策。2017 年 3 月 20 日，我国外交部部长王毅在出席中国发展高层论坛2017年年会时说，截至2016年底，中国已同97个国家和国际组织建立了不同形式的伙伴关系。中国倡导的伙伴关系相较于传统国际关系有鲜明的特点，外交部部长王毅概括为四个方面：“一是寻求和平合作。中国倡导的伙伴关系不设假想敌，不针对第三方，致力于以共赢而非零和的理念处理国与国的交往，注重寻求各国共同利益的汇合点，为国际社会加强对话合作、避免冲突对抗提供了正能量。二是坚持平等相待。中国倡导的伙伴关系以各国平等为原则，尊重各国主权、独立和领土完整，尊重彼此的核心利益和重大关切，尊重各国人民自主选择社会制度和发展道路，为各国平等参与国际事务、推动国际关系民主化、法治化注入了新动力。三是倡导开放包容。中国倡导的伙伴关系顺应相互依存的世界大势，契合各国友好相处的普遍愿望，致力于在交流互鉴中取长补短，在求同存异中共同前进。四是强调共赢共享。赢者通吃或独善其身不但不合时宜，而且适得其反。中国倡导的伙伴关系，旨在通过合作做大利益的蛋糕，分享成功的果实，实现共同的发展繁荣。”[①] 通过构建对话不对抗、结伴不结盟的伙伴关系，联通中国与世界的关系网，为构建人类命运共同体打下基础，是中国特色大国外交的重要体现。

3. 倡导对话解争端、协商化分歧的现代治理方式

人类命运共同体强调要在国家间相互尊重和平等的基础上，通过和平对话、多边协商来解决国际冲突和争端，消弭战乱和矛盾，就如习近平主席在第七十届联合国大会一般性辩论时的讲话中所强调的：“协商是民主的重要形式，也应该成为现代国际治理的重要方法，要

① 王毅. 中国提倡的伙伴关系具有四个鲜明特征. http://world.people.com.cn/n1/2017/0320/c1002-29157063.html.

倡导以对话解争端、以协商化分歧。”①

大国是世界和平与发展的主要力量，在发展过程中要主动承担自身应负的责任。大国与大国之间要“求同存异”，尊重彼此核心利益和重要关切，管控好矛盾分歧；大国与小国之间要平等相待，不能以强凌弱，不搞唯我独尊、强买强卖的霸道逻辑，面对冲突矛盾和问题时，相关国家协商对话才是正确选择。正如习近平主席所强调，“各国交往频繁，磕磕碰碰在所难免，关键是要坚持通过对话协商与和平谈判，妥善解决矛盾分歧”②，“反对动辄使用武力或以武力相威胁”③，提倡用非暴力方式创造性地

---

① 习近平. 携手构建合作共赢新伙伴 同心打造人类命运共同体：习近平在第七十届联合国大会一般性辩论时的讲话［N］. 人民日报，2015-09-29（02）.

② 习近平. 共同创造亚洲和世界的美好未来：习近平在博鳌亚洲论坛2013年年会上的主旨演讲［N］. 人民日报，2013-04-08（01）.

③ 习近平. 习近平谈治国理政［M］. 北京：外文出版社，2014：356.

实现冲突转换。尽管协商不是解决国际争端的唯一途径，但通过国家间的多边协商化解隔阂、增强互信、扩大合作已是全球治理的必然趋势。

二、推动建设一个普遍安全的世界

人类需要和平,也需要安全。事实上，当今人类社会已经形成了一个安全利益交融、命运休戚与共的共同体网络。

1. 坚持总体国家安全观

中国倡导自身安全与他国安全协调推进的总体国家安全观。2014 年，习近平总书记在中央国家安全委员会第一次会议上，首次明确提出总体国家安全观。总体国家安全观是置于国际安全视域下的现代安全观，是一个庞大的社会系统。坚持总体国家安全观必须树立对外开放的系统思维，从总体上认识和规划国家安全，不能局限于国家安全本身，要把自身安全系统与系统外其他国家及整个国际社会的安全联系起来进行系统性思考。在党的十九大报告中，习近平总书记把“坚持总体国家安全观”作为新时代中国特色社会主义基本方略之一。“既重视传统安全，又重视非传统安全，构建集政治安全、国土安全、军事安全、经济安全、文化安全、社会安全、科技安全、信息安全、生态安全、资源安全、核安全等于一体的国家安全体系。”① 国家不论大小、强弱、贫富以及历史文化传统、社会制度存在多大差异，都要尊重和照顾其合理的安全关切，必须统筹兼顾本国与他国以及整个世界的安全利益。各个国家的利益都已成为全球利益链条上的一环，唯有携手织密安全网，才能抵御各种危机导致的连锁

① 习近平．坚持总体国家安全观 走中国特色国家安全道路［N］．人民日报，2014-04-16（01）．

反应，有效规避风险源，保持国际局势的总体安全。

2. 树立共同、综合、合作、可持续的新安全观

中国作为负责任大国和联合国常任理事国，始终关心世界的安全问题，习近平主席在不同场合提出了维护世界安全的新观念。2015 年 9 月，习近平主席在纽约联合国总部出席第七十届联合国大会一般性辩论发表讲话时强调，要摒弃一切形式的冷战思维，树立共同、综合、合作、可持续安全的新观念。2016 年 9 月，习近平主席在二十国集团工商峰会上又指出，各国要树立共同、综合、合作、可持续的新安全观。2018 年 6 月，习近平主席在上海合作组织成员国元首理事会第十八次会议上强调，要践行共同、综合、合作、可持续的安全观，摒弃冷战思维、集团对抗，反对以牺牲别国安全换取自身绝对安全的做法，实现普遍安全。2018 年 10

月，习近平主席在向第八届北京香山论坛致贺信中指出，中国坚持共同、综合、合作、可持续的新安全观，愿以更加开放的姿态与各国同心协力，以合作促发展、以合作促安全，推动构建人类命运共同体。2019 年 6 月，习近平主席在亚信第五次峰会上发表重要讲话，强调建设安全稳定的亚洲是我们的共同目标。谋求共同、综合、合作、可持续安全，就是为了实现地区国家整体安全。

共同安全，就是要尊重和保障每一个国家的安全。各国尽管大小、贫富、强弱很不相同，历史文化传统和社会制度千差万别，但是他们的安全利益是同等重要的。大家共同生活在世界大家园里，利益交融、安危与共、唇亡齿寒。

综合安全，就是要从整体看国家应对的各领域安全问题，以及统筹应对传统安全和非传统安全。一方面，在当前不确定和动荡的国际局势中，存在经济增长动力不足，贫富差距扩大，热点地区紧张局势加剧，恐怖主义、网络犯罪、传染病、气候变化等非传统安全持续蔓延的情况，国际社会中霸权主义、强权政治、种族仇恨、民族对抗的阴霾始终挥之不去；另一方面，各国发展悬殊，衍生了许多威胁人类生存的安全问题，有些矛盾由来已久、难以调和，而有些矛盾背后则存在着大国间的较量和博弈，对加强多边机制化合作构成较大障碍。正是由于基于传统和非传统安全威胁频率的上升和强度的加大，各国需要强化安全合作意识，坚持多边主义，加强大国和小国之间紧密协作，积极应对传统领域和非传统领域的安全问题。

合作安全，就是要通过对话合作，促进各国和本地区安全，通过坦诚深入的对话沟通，增进战略互信，减少相互猜疑，求同化异、和睦相处。要着眼各国共同安全利益，从低敏感领域入手，积极培育合作应对安全挑战的意识，不断扩大合作领域、创新合作方式，以合作谋和平，以合作促安全。

可持续安全，就是要以可持续发展促进可持续安全，就是要坚持发展和安全并重以实现持久安全。对世界各国来说，夯实安全根基，推动共同发展，坚持以安全保障发展，是维护各国安全利益的持久之策。

安全是和平的基础和保障。中国从全人类的长远利益出发提出的总体国家安全观和共同、综合、合作、可持续的新安全观，对于加强全球安全治理，维护世界和平与安全将起到至关重要的作用。

三、推动建设一个共同繁荣的世界

在经济全球化进程中，维护以世界贸易组织为核心的多边贸易体制至关重要，各国应该共同努力，推动全球经济发展，建设一个共同繁荣的世界。

1. 促进贸易和投资自由化便利化

改革开放以来，中国经济飞速发展，已成为世界第二大经济体、世界第一工业制造大国。作为世界上许多国家和地区的最大贸易伙伴，中国将继续高举多边贸易自由化便利化旗帜，坚定不移地维护自由贸易。习近平主席也曾多次在外交场合论述过贸易和投资自由化便利化。中国一贯主张开展积极的国际合作，坚定不移扩大对外开放，成为经济全球化和自由贸易的重要参与者和坚定支持者。在全球化进程中，中国不仅自身实现了跨越式发展，还积极推进区域经济合作，坚持把多边开放与区域开放、双边开放结合起来，不断提升贸易和投资自由化便利化水平。李克强总理在《经济合作与发展组织公约》签署60周年纪念活动上发表视频致辞指出，“我们将全面提高对外开放水平，构建新发展格局，推动高质量发展。我们愿同包括发达国家在内的世界各国深化合作，推动贸易和投资自由化便利化，让中国和世界共享发展机遇，更好实现互利共赢”。

经济全球化符合人类开放融合的历史方向，也是国际社会的主流意识，中国坚定地支持经济全球化。中国注重加强与各主要经济体之间的区域合作，维护真正的多边主义，同世界共享市场机遇。中国政府坚定维护开放型世界经济和多边贸易体制，促进贸易和投资自由化便利化。按照构建更高水平开放型经济体制的要求，中国未来将实行更深层次的贸易投资自由化便利化，不断提升中国经济开放程度，实现中国在与世界的联系互动中发展，为世界各国的贸易投资伙伴分享中国红利创造更多机会。

2. 构建开放型世界经济

在世界经济浪潮中，应对各种挑战，必须

更加注重建设开放型世界经济，继续推动贸易和投资自由化便利化。虽然世界贸易组织自成立以来，在争端解决机制方面发挥了重要作用，但随着世界经济格局深刻调整，受保护主义、单边主义的影响，世界贸易组织上诉机构处于困境之中，多边贸易体制的权威性和有效性受到严重挑战。世界贸易组织改革的紧迫性和必要性日益凸显。2018 年，习近平主席在二十国集团领导人第十三次峰会第一阶段会议上发表重要讲话时指出，我们应该坚定维护自由贸易和基于规则的多边贸易体制。中方赞成对世界贸易组织进行必要改革，关键是要维护开放、包容、非歧视等世界贸易组织核心价值和基本原则，保障发展中国家发展利益和政策空间。中国始终维护世界贸易组织规则，坚持多边贸易体制，主张对现行世界贸易组织规则进行必要改革。多年来，世界贸易组织规则不断拓展和丰富，在全球经济治理中有着重要影响，在一定程度上起到了抵制贸易保护主义的积极作用。中国作为世界贸易组织重要成员，也会积极参与世界贸易组织改革，立足中国自身的改革发展需要，加快构建立足周边，辐射“一带一路”，面向全球的高标准自贸区网络。2018年6月28日，我国首次发表《中国与世贸组织》白皮书，提出了世贸组织改革的三项基本原则和五点具体主张，建立了中欧世贸组织改革联合工作组，为打破上诉机构成员遴选僵局奠定了坚实的基础。中国用行动去维护多边贸易机制，推动自由贸易，促进自由贸易，推动经济全球化朝着有利于全世界共同发展的方向前进。除了参加世贸组织的改革以外，中国还积极地参加区域贸易协定。比如：2020年11月，东盟十国以及中国、日本、韩国、澳大利亚、新西兰正式签署区域全面经济伙伴关系协定（RCEP），亚投行的建立，等等。

从世界形势来看，维护以规则为基础，透

明、非歧视、开放、包容的多边贸易体制，依然是绝大多数国际社会成员的共同诉求。2021年是中国加入世界贸易组织20周年，中国全面履行入世承诺，关税总水平由15.3%降至7.4%，低于9.8%的入世承诺。坚定维护世界贸易组织多边贸易体制，在世贸组织框架下，推动国际经贸秩序朝更加公平合理的方向发展。

3. 推进共同发展

贫困、社会分配不公平是制约经济发展的因素，也会带来世界经济的不稳定。为此，2021年1月25日，习近平主席在世界经济论坛“达沃斯议程”对话会上发表特别致辞，提出要解决好时代面临的四大课题，深刻指出维护和践行多边主义，推动构建人类命运共同体是解决错综复杂的世界问题的出路。有些国家妄图以霸权主义和贸易保护主义改造甚至取代世界经济秩序。在这场复杂的斗争中，一要坚持多边主义的自由贸易原则。各国应在多边框架下加强团结合作，有效凝聚各方力量，促进和实现公平公正发展，缩小南北差距，齐心协力应对全球性挑战。二要坚持建立在共识基础上的相对公平原则。尊重贸易双方意愿，有序扩大市场准入，注重防控风险。对标国际良好做法，深化贸易领域双向合作，维护良好的营商环境。三要坚持以规则为基础的协商解决问题的原则。市场主体应遵守市场规则，促进公平竞争。在社会主义市场经济体制环境下，要加大改革创新力度，加速释放发展活力，在新常态下保持经济持续健康发展。

人类共享一个家园，各国同处一个世界。各国要团结协作，弘扬伙伴精神，努力把世界人民对美好生活的向往变成现实，把其他国家的发展视为自己的机遇，积极通过合作共赢促进全球共同进步，努力构建世界各国共同发展的地球家园。人类命运共同体理念鼓励全球和区域合作向发展中国家倾斜，最大限度解决南北之间和地区内部发展失衡问题，为世界经济全面可持续增长提供新动力。

共同发展，就是要让各国人民共享发展成果，需要提升全球发展的公平性、有效性、协同性，需要尊重各国发展的权利，尊重各国发展的实际，推动各国加强发展合作，打破技术壁垒和科技鸿沟，关注欠发达国家和地区人民的生存状况问题。共同发展为破解全球发展赤字、治理赤字，推动全球发展治理变革、促进各国包容联动发展提供了新思路。各国要共同做大世界发展的蛋糕，让发展成果更多更公平惠及世界各国人民，人人享有富足安康。

四、推动建设一个开放包容的世界

世界历史发展告诉我们,人类文明进步历程

从来没有平坦的大道可走，人类就是在同困难的斗争中前进的。今天的世界，已经成为你中有我、我中有你的地球村，利益高度融合，彼此相互依存。中国作为世界和平的建设者、全球发展的贡献者、国际秩序的维护者，必须倡导同世界其他文明交流互鉴，努力推动不同文明的交流互鉴，促进不同文明和民族间的相互尊重和价值认同，为人类命运共同体构筑提供强大文脉支撑。

1. 尊重世界文明多样性

世界文明具有多样性。文明作为国家和民族的集体记忆，因国家、民族千差万别而多样，各种文明在悠久的发展历史中异彩纷呈、各有千秋。各个国家的文化都有着自己的民族特色，各个民族都有着自己独特的文化，具有明显的民族性，这是历史发展的产物和人民智慧的结晶。

中国尊重世界文化的多样性，尊重不同国家、不同民族价值观上的差异性，同时最大限度地寻找文化共识。

推动不同文明和平友好相处，关键是寻求和提升共同价值。促进文明价值共通，是促进世界持久和平发展的精神基石。面对新的机遇与挑战，必须坚持文化的多样性和文明对话，推动不同文明相互尊重、和谐共处，在多样世界里寻找符合全人类共同利益的价值追求，尊重文明多样性。以讨论取代疏远，以互学取代冲突，以共存取代压迫，在“多”中求“一”、在“异”中求“同”。

2. 坚持文明交流包容性

纵观中华文明史，中华文化之所以生生不息、源远流长，很大程度就在于中华文化具有强大的包容性。包容具有最大的柔性和韧性，造就了中华文化，也造就了当今的中华民族。

坚持开放包容，世界文明才能长盛不衰。人类文明因平等才有交流互鉴的前提，反对任何形式的“文明优越论”，应平等地看待并尊重所有国家和民族传承发展自身文明。要遵循文明发展的客观规律，尊重和保存不同文明的遗产和风格特征，在发展中与时俱进，创造性地发展现有文明。

中国坚持以文明交流互鉴增进与各国的友谊。我们对外传播中华优秀传统文化，让更多的地区和民族感受到中华文化的博大精深和包容互纳，在构建利益共同体的基础上实现文明互鉴。我国文化坚持“引进来”和“走出去”方针，让中华文明与世界文明可以在相互学习借鉴中成长。一方面，针对外来文化的涌入，我们发挥中华文化“海纳百川”的精神，选择性地吸收优秀外来文化，推动中国文化创新和现代文明的进步；另一方面，我们通过“一带一路”平台，将中国文化传播到沿线各个国家和民族，让更多人从中汲取养分，获得源源不断的发展动力，同时提升中国文化的国际认同感和影响力。当然，中国文化走出国门，不仅需要加强对各国发展现状和需求的深入了解，也需要与不同民族之间的意识审美、历史文化、民族风俗等融合在一起。唯有如此，才能增强不同民族和地区对中国文化的理解和认同，让华夏文明与其他民族的心理需求和价值观相互匹配，让文明互鉴和利益共同体从可能变成现实。

五、推动建设一个清洁美丽的世界

清洁美丽的世界是人类命运共同体的依托和归宿。要着力于构筑尊崇自然、绿色发展生态体系，解决好工业文明带来的矛盾与冲突，以人与自然和谐相处为目标，实现世界的可持续发展和人的全面自由发展。

1. 促进人与自然和谐共生

毫无节制地挥霍自然资源的举动，自以为是地改造自然的行为，对自然环境造成了巨大而不可挽回的伤害，也会让人类付出更加惨痛的代价。自然环境被破坏的同时也会危害人类的生存发展。资源短缺、环境污染、气候变化等生态问题，对人类的生存与发展构成了现实威胁，影响人类的进步发展。保护和改善生态环境成为全人类紧迫而艰巨的任务。生态环境危机这一惨痛的教训告诉人类，必须尊重自然、顺应自然、保护自然。

中国古代先贤早就认识到遵循自然规律的重要性。古人倡导天人合一，道法自然，就是因为自然规律有其自身属性，不以人的意志为转移，必须遵循天地万物运行规律，才能风调雨顺，国泰民安。反之则会灾祸频出，遭受惩罚。要实现人与自然和谐相处，就要加强对生态资源的保护。古人探索自然，用联系、发展的观点观察自然，形成的生态文明理念，对我们今天建设社会主义生态文明、构建清洁美丽的世界具有重要的启示意义。“人类利用自然、改造自然要尊重自然客观规律”“人类的一切活动都要以不破坏生态平衡为前提”等观点，成为中国生态文明建设的圭臬。

中国高度重视对生态的保护。党的十八大以来，生态文明建设被纳入中国特色社会主义总体布局，在推进生态文明建设的实践中，形成了习近平生态文明思想。这一思想着眼于全体人民的未来与福祉，指引中国不断深化对发展规律的认识，为构建人与自然和谐共生提供了有力的行动指南。在生态文明建设征程上，中国将全面落实联合国主导的重要国际公约，和各国人民共谋全球生态文明建设。

2. 坚持绿色、可持续发展理念

在处理人与自然的关系上，习近平总书记提出了著名的“绿水青山就是金山银山”论断，这已成为新发展理念的重要组成部分。建设美丽中国，必须坚定不移走可持续发展之路。中国在经济发展方面虽然取得了卓越成就，但也遇到了“资源约束趋紧、环境污染严重、生态系统退化”的生态困局。

我们要追求人与自然的和谐、经济与社会的和谐。根据“两山”论，山水林田湖草沙是一个生命共同体，保护生态环境就是保护生产力，改善生态环境就是发展生产力。

在实践中对这“两座山”之间关系的认识经过了三个阶段：第一个阶段是用绿水青山去换金山银山，不考虑或者很少考虑环境的承载能力，一味索取资源。第二个阶段是既要金山银山，但是也要保住绿水青山，这时候经济发展与资源匮乏、环境恶化之间的矛盾开始凸显出来，人们意识到环境是我们生存发展的根本，要留得青山在，才能有柴烧。第三个阶段是认识到绿水青山可以源源不断地带来金山银山，绿水青山本身就是金山银山，我们种的常青树就是摇钱树，生态优势变成经济优势，形成了一种浑然一体、和谐统一的关系。①

树立正确的生态观，合理配置和统筹优化各种资源，协调好经济利益和环境效益的关系，要始终坚持生态优先，发挥生态优势，把生态文明建设融入经济发展新常态中，方能更好地实现经济高质量发展，推动建设新时代中国特色社会主义生态文明，进而推动构建人类命运共同体。

人类社会发展史同时也是一部人类与自然和谐共生的关系史。保护生态、构建绿色生态

---

① 习近平. 之江新语［M］. 杭州：浙江人民出版社，2007：186.

体系才是可持续发展之道。要把握政策性支持的力度与方向，从多方面促进生态可持续发展。比如，推动绿色基础设施建设、绿色投资、绿色金融，尤其加强推进疫情后区域绿色合作，让绿色发展理念深入人心。在全球生态文明建设进程中，着力加大基础设施建设力度，关注高技术和人力资源领域投资，有效应对全球性环境问题，最终实现以人为本的绿色发展，助力全球可持续发展。

绿色发展是构建可持续发展、共享未来的国际社会的必由之路。中国秉持绿色发展、可持续发展理念，这为打造优良的宜居环境提供了理论指导。同时，提出要积极推进全球低碳减排行动，深度参与全球气候治理，承担同我国国情和实际能力相适应的国际责任。

3. 携手应对生态环境问题

气候变化是人类社会面临的另一个严峻挑

战。“气清更觉山川近，意远从知宇宙宽”，展现了人与自然和谐相伴、怡然共处的美丽画卷，在优美环境中生活是各国人民的共同向往。

习近平总书记在十九大报告中强调了人与自然的关系，指出，要“加快生态文明体制改革，建设美丽中国”。同一片蓝天，同一个星球，环境问题不是某个国家或局部地区存在的危机，而是攸关全人类的生存发展，关系到全人类共同利益的重大问题。

人类在应对气候变化上，存在两个不同利益集团的博弈，由于大气中的温室气体含量几乎达到了人类史上最高的程度，各国纷纷公布了对气候变化的行动目标和承诺。

从构建人类命运共同体的角度出发促进全球生态治理合作，中国提出“发达国家和发展中国家的历史责任、发展阶段、应对能力都不同，共同但有区别的责任原则不仅没有过时，而且应该得到遵守”[1]。“共同但有区别的责任原则”，需要注意的是，低碳排放国家在发展清洁能源的同时应防止总碳排放量上升。《京都议定书》中确定了对发达国家减排任务的具体要求，但并没有对发展中国家有明确的指标要求，只是强调发展中国家从2012年开始承担减排责任。2021年10月，我国工信部与市场监管总局联合印发了《电机能效提升计划（2021—2023年)》(以下简称《计划》)。《计划》提出，到2023年，我国高效节能电机年产量达到1.7亿千瓦，在役高效节能电机占比达到20%以上。相当于每年节约标准煤1500万吨，减排二氧化碳2800万吨。《计划》的实施，对于中国实现2030年碳达峰战略至关重要。这也是中国作为负责任大国，对促进世界生态环境和气候改善方面最现实的举措。在降低资源消耗、减少污

① 习近平．论坚持推动构建人类命运共同体［M］．北京：中央文献出版社，2018：291．

染排放的同时加大绿色投资、倡导绿色消费、促进绿色发展。国际社会要共谋全球生态文明建设之路，坚持走绿色、低碳、循环、可持续发展之路。中国将继续作出自己的贡献，同时敦促发达国家承担历史性责任，兑现减排承诺，并帮助发展中国家减缓和适应气候变化。

构筑尊崇自然、绿色发展的生态体系，从人与自然的视角，丰富了新型国际关系和人类命运共同体的内涵。历史和现实一再证明，人类发展与自然密切相关，二者同呼吸、共命运，建设人类文明关乎人类未来。国与国之间的关系不可忽视生态体系建设，国际社会应携手走绿色发展之路。英国诗人约翰·多恩在其诗歌里写道："没有谁能像一座孤岛，在大海里独踞，每个人都像一块小小的泥土，连接成整个陆地……无论谁死了，都得是自己的一部分死去。因为我包含在人类这个概念里。因此我从不问丧钟为谁而鸣，它为我，也为你。”① “保护生态环境，应对气候变化，维护能源资源安全，是全球面临的共同挑战。中国将继续承担应尽的国际义务，同世界各国深入开展生态文明领域的交流合作，推动成果分享，携手共建生态良好的地球美好家园。”② 地球生态系统为构建人类命运共同体提供了自然基础。为生态环境的全球治理贡献力量是每个国家的责任，也是建设一个清洁美丽世界的必然要求。

中国共产党所做的一切都是为人民谋幸福，为民族谋复兴，为世界谋大同。为世界谋大同是中国共产党人对“建设一个什么样的世界，如何建设这个世界”这一时代之问的回答，也是中国共产党坚持胸怀天下并矢志不渝所追求的目标。为了实现这一伟大目标，中国共产党

---

① 海明威. 海明威文集：下［M］. 王秀珍，译. 长春：时代文艺出版社，1995：146.

② 习近平. 习近平谈治国理政［M］. 北京：外文出版社，2014：212.

提出了构建人类命运共同体的倡议。人类命运共同体所包含的“五位一体”的思想内容构成了中国共产党胸怀天下的具体任务。这就是：要坚持对话协商，平等相待，相互尊重，坚决摒弃冷战思维和强权政治，建设一个持久和平的世界；坚持共建共享，以对话解决争端、以协商化解分歧，统筹应对传统和非传统安全威胁，反对一切形式的恐怖主义，建设一个普遍安全的世界；坚持合作共赢，推进开放、包容、普惠、平衡、共赢的经济全球化，创造全人类共同发展的良好条件，共同推动世界各国发展繁荣，让发展成果惠及世界各国，建设一个共同繁荣的世界；坚持交流互鉴，不同文明取长补短、共同进步，让文明交流互鉴成为推动人类社会进步的动力、维护世界和平的纽带，建设一个开放包容的世界；坚持绿色低碳，树立尊重自然、顺应自然、保护自然的意识，采取行动应对气候变化，构筑尊崇自然、绿色发展的生态体系，保护好人类赖以生存的地球家园，建设一个清洁美丽的世界。

世界好，中国才能好；中国好，世界才更好。中国发展离不开世界，世界繁荣也需要中国。中国将秉承“大道不孤、天下一家”的理念，始终做世界和平的建设者、全球发展的贡献者、国际秩序的维护者，不断为人类文明进步贡献中国智慧、中国方案、中国力量。

第五章

坚持胸怀天下的实践路径

“始终做世界和平的建设者、全球发展的贡献者、国际秩序的维护者”，党的十九大报告中的这一论述，向世界庄严宣告了，在新时代中国特色社会主义建设征程中，中国将始终不渝走和平发展道路，并与各国人民一道，为促进世界和平与发展贡献中国经验、中国方案和中国力量。

一、始终做世界和平的建设者

始终做世界和平的建设者是中国政府和人民继承中华优秀文化传统,根据时代发展潮流和中国根本利益作出的战略抉择，是中国发展的内在需要，也是维护世界和平发展的需要。

1. 坚持走和平发展道路

中国多次向世界宣示，中国始终不渝走和平发展道路，在坚持自己和平发展的同时，致力于维护世界和平，积极促进各国共同发展繁荣。中国坚持走和平发展道路不是权宜之计，而是中国共产党从中外历史中汲取经验而形成的基本方针。中国将坚定不移沿着和平发展道路走下去。

中国文化自古就认为世界应是一个和谐整体，这个观念深深影响了中华民族的思想和行为，成为中国人民处理人与人、人与自然乃至国与国关系的重要价值观。中国人民历来崇尚“和而不同”“天人合一”“以和为贵”的理念，以和谐精神凝聚家庭、敦睦邻里、善待他人。和谐文化培育了中华民族热爱和平的民族禀性。举世闻名的“丝绸之路”是一条贸易之路、文化之路、和平之路，铭刻下中国古人追求同各国人民友好交流、互利合作的历史足迹。中国明代著名航海家郑和“七下西洋”，远涉亚非30多个国家和地区，展现的是中华灿烂文明和先进科技，留下的是和平与友谊。中华民族以“海纳百川，有容乃大”的胸怀，接受一切有益的外来文化，促进了中外文化融合，留下了不少对外文化交流的千古佳话。中国历史上也有与外族的战争，但大多是反击外族袭扰的正义战争。中国古代的朝贡体系，根据日本学者滨下武志的说法，具有以下三个特点：

·由宗主国中国提供国际性安全保障，朝贡国因而不必保持常设性军事力量，这意味着区域内部的纠纷不必诉诸武力解决；

·朝贡体系所保护的交易实行“无关税”特殊恩典，为外部世界提供了极富魅力的商业机会；

·朝贡秩序所奉行的理念，就中国方面而

言，意指皇帝的恩德教化四海因而囊括不同质的文化；对于朝贡国来说，意味着只要履行一定的程序就成为朝贡国，就会在朝贡体系中与其他的朝贡地域发生接触，这同时意味着中国事实上充当着异质要素之间交流的媒介。

可见，古代中国的朝贡体系是以维系和平和区域发展为目的的区域性国际体系。这与当今世界西方国家的结盟体系有天壤之别。

中华文化是以“合和”为核心的文化。5000多年的中华文明史已经让这种合作、和平、和谐的文化价值观深入民族的骨髓之中。

新中国成立70多年特别是改革开放40多年来，中国一直致力于探索符合本国国情和时代要求的社会主义现代化道路。这条道路也是和平发展的道路。中国的和平发展之路有四个特征。

一是寻求和平与发展的良性互动。2005年年底，中国政府发表《中国的和平发展道路》白皮书，阐述了中国走和平发展之路的立场和决心。该白皮书指出：中国的和平发展道路就是“争取和平的国际环境发展自己，又以自身的发展促进世界和平；依靠自身力量和改革创新实现发展，同时坚持对外开放；顺应经济全球化发展趋势，努力实现与各国的互利共赢和共同发展；坚持和平、发展、合作，与各国共同致力于建设持久和平与共同繁荣的和谐世界”。可见，中国和平发展道路最鲜明的特征是科学发展、自主发展、开放发展、和平发展、合作发展、共同发展。

二是把基点放在自己的力量上。中国的发展主要是依靠广阔的国内市场、充足的劳动力资源和雄厚的资金储备，以及改革开放带来的机制创新。中国拥有丰富的人力物力资源比较完备的工业体系，坚持以自力更生为主实现持续发展。根据中央组织部会同人力资源社会保障部、国家统计局组织开展的全国人才资源统计数据，2020 年全国人才资源总量达 1.8 亿人。

中国矿产资源和耕地面积总量居世界前列，粮食基本实现自给自足。尽管人均国内资源拥有量较低，但通过充分发挥市场配置功能和推动科技进步，可以最大限度减少中国经济社会发展对资源的依赖。中国将发挥原材料、装备以及消费品制造等产业优势，满足本国民众的物质需求，为世界市场提供更多优质产品和服务。

三是坚持对外开放。中国的崛起离不开世界。中国必须坚持对外开放的政策，在平等互利的基础上，同世界一切友好国家发展经贸关系。

四是永远不会称霸。中国的崛起不会妨碍任何人，也不会威胁任何人。中国现在不称霸，将来即使强大了也永远不会称霸。中国坚持奉行防御性的国防政策。中国有广阔的领土和辽阔的海洋，陆地边界 2.2 万多公里，大陆海岸线 1.8 万多公里。中国面临复杂多样的传统和非传统安全挑战，受到分裂势力和恐怖主义等威胁。推进国防现代化是中国合理的国家安全需求，是中国实现和平发展的必要保障。中国军队现代化的根本目的是捍卫国家主权、安全、领土完整，保障国家发展利益。中国国防开支是合理适度的，是与维护国家安全相适应的，中国不会也无意同任何国家搞军备竞赛，不会对任何国家构成军事威胁。中国坚持“人不犯我、我不犯人”，致力于和平解决国际争端和热点问题。中国重视加强国际军事交流，推动国际和地区安全合作，反对一切形式的恐怖主义。2018 年 3 月 20 日，习近平总书记在第十三届全国人民代表大会第一次会议上的讲话中指出：“中国将继续高举和平、发展、合作、共赢的旗帜，始终不渝走和平发展道路、奉行互利共赢的开放战略。中国将继续积极维护国际公平正义，主张世界上的事情应该由各国人民商量着办，不会把自己的意志强加于人。中国将继续积极推进‘一带一路’建设，加强同世界各国的交流合作，让中国改革发展造福人类。”① 这进一步表明了中国走和平发展道路的目的和内涵，展现了中国和平发展“造福人类”的理想与诉求。

总之，中国和平发展的不懈追求是，对内求发展、求和谐，对外求合作、求和平。具体而言，就是通过中国人民的艰苦奋斗和改革创新，通过同世界各国长期友好相处、平等互利合作，让中国人民过上更好的日子，并为全人类发展进步作出应有贡献。这已经上升为中国的国家意志，转化为国家发展规划和大政方针，落实在中国发展进程的广泛实践中。

2. 坚持独立自主的和平外交政策

中国共产党自成立之日起，就致力于推动实现国家统一和维护世界和平。中国共产党是

---

① 习近平. 在第十三届全国人民代表大会第一次会议上的讲话［M］. 北京：人民出版社，2018：12.

一个热爱和平、追求和平、维护和平、捍卫和平的政党。在中国的革命、建设和改革发展的过程中，中国共产党带领人民一心一意谋发展，搞好自己的事情，致力于实现“两个一百年”的奋斗目标。

中国共产党的执政逻辑并非称霸世界，而是反对霸权、和平发展。不畏强权，反对霸权是中国共产党与生俱来的品质。中国坚持独立自主的和平外交政策。从“一边倒”到“建设和谐世界”，再到“构建人类命运共同体”，中国不断调整外交战略，既是服务于国家发展大局，也是为了维护世界的和平与安宁。

1949 年年底，毛泽东同志首次出访的目的地是莫斯科。与他同时抵达的还有两车皮礼物——一车江西蜜橘和一车山东大葱。这是当时中苏特殊兄弟关系的生动写照，更是新中国成立初期“一边倒”外交格局的具体体现。“一边倒”“另起炉灶”“打扫干净屋子再请客”，是毛泽东同志为巩固新生政权、争取有利的和平国际环境而提出的三条方针，构成了新中国外交政策的框架。成立不久的新中国主动提出自己对国际关系的主张。1954 年，周恩来访问印度和缅甸时，正式提出将和平共处五项原则作为国际关系的基本准则。次年的亚非会议上，这一原则得到与会各国的广泛认可。这是中国为世界和平发展作出的第一个突出贡献。

改革开放时期，邓小平同志提出和平与发展是当今时代的主题。1980 年起，邓小平同志多次强调，中国的对外政策是要寻求一个和平的环境来实现四个现代化，中国的对外政策是独立自主的，并全面阐述了独立自主的含义与维护世界和平的关系。此后这一政策成为中国特色社会主义理论的主要内容之一。1992 年，江泽民同志在党的十四大报告中概括了独立自主的和平外交政策的主要内容：维护我国的独立和主权，促进世界的和平与发展，是中国外交政策的基本目标。在涉及民族利益和国家主权的问题上，我们决不屈服于任何外来压力。中国是维护世界和平的坚定力量。中国不同任何国家或国家集团结盟，不参加任何军事集团。中国永远不称霸，永远不搞扩张，同时反对任何形式的霸权主义、强权政治和侵略扩张行为。1997 年，江泽民同志在党的十五大报告中强调，对于一切国际事务，都要从中国人民和世界人民的根本利益出发，根据事情本身的是非曲直，决定自己的立场和政策。2018 年，在庆祝改革开放 40 周年大会上，习近平总书记指出，40 年来，我们始终坚持独立自主的和平外交政策，始终不渝走和平发展道路、奉行互利共赢的开放战略，坚定维护国际关系基本准则，维护国际公平正义。我们实现由封闭半封闭到全方位开放的历史转变，积极参与经济全球化进程，为推动人类共同发展作出了应有贡献。我们积极推动建设开放型世界经济、构建人类命运共同体，促进全球治理体系变革，旗帜鲜明反对霸权主义和强权政治，为世界和平与发展不断贡献中国智慧、中国方案、中国力量。

3. 积极参与联合国维和行动

中国坚定支持并积极参与联合国维和行动。2021 年是新中国恢复联合国合法席位 50 周年。这 50 年，中国人民始终维护联合国权威和地位，践行多边主义，同联合国合作日益深化。同时中国忠实履行联合国安理会常任理事国职责和使命，积极倡导以和平方式解决政治争端，派出 5 万多人次参加联合国维和行动，已经成为第二大联合国会费国、第二大维和摊款国。

进入新时代，中国军队全面落实习近平主席出席联合国维和峰会时宣布的承诺，以服务构建人类命运共同体为目标，加大对联合国维和行动的支持和参与力度，为冲突地区实现和平发展带去更多信心和希望。新时代的中国军队，已经成为联合国维和行动的关键因素和关键力量，为世界和平与发展注入更多正能量。

当今世界正经历百年未有之大变局。和平与发展仍是时代主题，但世界依然面临着日益严峻、不断增多的风险和挑战。不管国际风云如何变幻，中国始终是世界和平的建设者、全球发展的贡献者、国际秩序的维护者，中国军队始终是世界和平与发展的正义力量。

4. 支持全球反恐与安全合作

恐怖主义是人类公敌，对全球和平与安全构成严重威胁。中国强烈谴责一切形式的恐怖主义，一贯主张加强国际反恐合作，支持建立全球反恐统一战线。

大规模杀伤性武器及其运载工具的扩散，对国际和平与安全构成现实威胁。中国坚决反对大规模杀伤性武器及其运载工具的扩散，建立了完善的防扩散和出口控制体系，并确保相关法规得到有效执行。同时，中国积极参与国际防扩散进程，全面完整执行安理会相关决议，并致力于推动防扩散热点问题的政治解决。

二、始终做全球发展的贡献者

中国坚持始终不渝做全球发展的贡献者。习近平总书记强调："发展是世界各国的权利，而不是少数国家的专利。"100 年来，在中国共产党的领导下，中国不但自己找到了正确的发展道路和发展方式，实现了从"站起来"到"富起来"，再到"强起来"的飞跃，而且主动向世界开放市场，推动经济全球化，拉动世界经济可持续发展，成为世界经济增长的主要引擎和稳定之锚，还为全球发展提供中国方案，贡献中国智慧，推动构建世界经济发展新秩序，让各国人民搭乘中国发展的快车、便车，推动构建全球发展命运共同体。事实雄辩证明，中国共产党是先进生产力的引领者和践行者，并始终是全球发展的贡献者。

1. 向世界提供优质国际公共产品

国际公共产品的概念由美国经济学家曼瑟尔·奥尔森等人在20世纪六七十年代提出。典型的国际公共产品包括稳定的国际金融和货币体系、开放的国际自由贸易、良好的国际宏观经济政策、国际安全保障体系与公海航行自由等。国际公共产品按部门领域可以分为环境型、经济型、社会型以及制度型、基础设施型等类型。现有的国际公共产品对世界的发展、稳定与安全有积极作用和深远影响。

近年来，随着中国不断发展，唱衰中国的“崩溃论”开始消退，而另一种涉及中国的论调“金德尔伯格陷阱”悄然登场。该论调认为中国发展起来以后的动向可能不是示强，而是示弱，即不愿承担目前美国无力继续担负的重要国际公共产品的供给，从而使世界陷入领导力空缺、危机四起的险境。西方那些持这一观点的人要么是想不怀好意地给中国下套，让中国承担超过自己能力的国际义务，要么是故意无视中国已经是全球公共产品重要提供者这一客观事实。

中国作为负责任大国，一直在力所能及地提供国际公共产品，绝不回避自己的大国责任。比如，《巴黎协定》是十分典型的环境型国际公共产品，对人类社会和世界各国的持续发展具有重大意义。但这一事关全人类福祉的重要协定，美国作为世界超级大国却从一己私利出发，态度反复无常。2017 年 6 月 1 日，美国政府以《巴黎协定》损害了美国的经济利益和就业机会为由，宣布退出《巴黎协定》。中国则坚决支持《巴黎协定》并承诺将完全履行中国的义务，为应对气候变化作出中国贡献，并以极大的诚意和耐心促成该协定成为国际公约。2021 年 11 月 10 日中美两国在联合国气候变化格拉斯哥大会上宣布了《中美关于在 21 世纪 20 年代强化气候行动的格拉斯哥联合宣言》，这一宣言的诞生过程万分艰辛，中美两国气候官员在过去的一年里进行了三十多次会谈才有了这样一份成果。虽然目前两国的努力与《巴黎协定》设定的目标还有着不小的差距，但至少也算在解决气候问题上迈出了合作的第一步。再比如，中国的“一带一路”倡议提出以来，已经有 100 多个国家和国际组织积极支持参与，一大批有影响力的标志性项目成功落地，“一带一路”日益成为开放包容的国际合作平台和受到国际社会普遍欢迎的全球公共产品。中国为世界提供这些优质国际公共产品不仅为世界的发展进步发挥了重要作用，而且也体现了中国作为负责任大国的国际领导力，让那些恶意污蔑中国的论调不攻自破。

当然，我们也必须清醒地认识到，提供大量国际公共产品需要强大的经济实力和综合国力。我国仍然是世界最大发展中国家，在提供国际公共产品上，还需要结合历史和现实、世界局势和中国国家能力进行系统分析，既积极作为，也有所不为，防止国际公共产品的提供成为我国不能承受之重，尤其要警惕某些国家为了自身利益而对中国进行“捧杀”。

2021 年是中国恢复联合国合法席位 50 周年。习近平总书记在中华人民共和国恢复联合国合法席位 50 周年纪念会议上提出，不断以中国发展为世界提供新机遇。长期研究中国发展的美国库恩基金会主席罗伯特·劳伦斯·库恩积极评价中方承诺将继续做公共产品的提供者。他说，这一承诺向世界发出了新的信号，“相当了不起”。[①] 作为世界第二大经济体，中国正在将自身发展经验惠及全球，成为全球公共产品的重要提供者。

2. 积极开展基于国力与道义的对外援助

自新中国成立以来，中国就秉持国际主义和人道主义精神，始终关注和支持其他发展中国家改善民生、谋求发展的事业。

中国开展对外援助和发展合作的理念和原则是：平等互利是首要前提，充分尊重受援国意愿和利益诉求，从不干涉他国内政，从不附加任何政治条件；既注重言出必行，也注重援助实效，从不开“空头支票”，全流程评估援助项目对受援国发展的综合效果；既“雪中送炭”，也“授人以渔”，不仅在受援国危难之际

---

① 兴越，杨士龙，胡友松. 中国正在将自身发展经验惠及全球：访美国席恩基金会主库罗伯特·劳伦斯·库恩［N］. 新华每日电讯，2021-10-26（3）.

伸出援手，更想方设法增强受援国自身的“造血”功能和发展势能；保持海纳百川和交流互鉴的开阔襟怀，不断加强同发达国家和国际组织的交流，积极探讨开展三方合作。

中国根据自身国力，向发展中国家不断增加不附加任何条件的官方发展援助。中国还积极支持国际社会帮助发展中国家增强自主发展能力、改善民生，缩小南北差距。中国奉行互利共赢的开放战略，把本国人民的利益同各国人民的共同利益结合起来，以自己的发展促进地区和世界共同发展，扩大同各方利益的汇合点，在实现本国发展的同时兼顾对方特别是发展中国家的正当关切，从来不做损人利己、以邻为壑的事情。

人道主义援助是中国对外援助的重要组成部分，而对外卫生医疗援助则是其中的一个亮点。1963 年中国政府向阿尔及利亚派遣了中国对非洲第一支医疗队。到 2019 年 11 月，中国已先后派遣了援外医疗队员 2.6 万人次，分赴亚非欧大洋洲 71 个国家和地区工作。① 中国医生无私奉献的精神、高尚的医德医风和精湛的医疗技术给受援国民众留下了深刻美好的印象。

近些年来，世界各地海啸、地震、飓风、旱灾等自然灾害频发，造成受灾国家大量人员伤亡和财产损失。中国支持国际社会救灾、减灾的努力，并积极伸出援手。如 2004 年印度洋海啸期间，中国开展了有史以来最大规模的人道主义救援。在海啸发生的第二天，中国政府即宣布提供价值 2163 万元人民币的紧急人道主义救灾物资和现汇援助，后又承诺向受灾国家和地区增加 5 亿元人民币的现汇物资援助。2005 年初，中国政府宣布再捐助 2000 万美元，用于联合国框架内的多边救援和重建。与此同时，中国还派出了飞机、医疗队、救援队以及

---

① 那些被救的生命永远铭记你们——中国援外医疗队派遣 56 周年综述.http://news.gmw.cm/2019-11/13/content_33314654.htm.

专业考察组，协助灾区的救援和重建。

随着中国综合国力和国际影响力不断提升，中国国际发展合作规模稳步增长，并向亚洲、非洲地区最不发达国家和“一带一路”发展中国家加大倾斜力度。党的十八大以来，中国的对外援助顺应时代要求，向国际发展合作转型升级，为破解全球发展难题、推动落实联合国2030年可持续发展议程注入中国力量。2013年至2018年，中国累计对外提供援助2702亿元人民币，实施成套项目423个，提供物资援助890批，完成技术合作项目414个，举办人力资源开发合作项目7000余期，共约20万名人员受益。中国积极开展抗击新冠肺炎疫情全球合作，力所能及为国际组织和其他国家提供援助，截至2021年6月，共为受疫情影响的发展中国家抗疫以及恢复经济社会发展提供了20亿美元援助，向150多个国家和13个国际组织提供了抗疫物资援助，为全球供应了2900多亿只口罩、35亿多件防护服、46亿多份检测试剂盒，向100多个国家和国际组织提供5.2亿多剂疫苗，累计组派33批抗疫医疗专家组赴31个国家协助抗疫。中国的大力援助为全球携手战胜疫情注入了强大信心和力量。

3. 大力推进全球交通合作

在当前世界经济低迷、全球发展面临诸多不确定因素的背景下，包括交通在内的基础设施建设对经济发展的支撑作用愈发明显。作为全球交通大国，中国坚持交通先行，建成了全球最大的高速铁路网、高速公路网、世界级港口群，航空航海通达全球，综合交通网突破600万公里。一大批标志性工程，例如港珠澳大桥、北京大兴机场、“复兴号”动车组、C919大型客机、洋山港集装箱和自动化码头等，令国人振奋，令世界钦羡。互联网物流蓬勃发展，智慧交通应用场景进一步增多。刷脸进站、“无纸化”登机、无人机投递、无接触配送等新技术的应用，为广大群众生产生活提供了巨大便利。交通运输在国土空间开发、产业梯度转移、城镇布局优化、经济贸易交流中的先导作用进一步显现，有力支撑了经济社会发展。中国为国际可持续交通的发展提供了有益经验。

中国坚持交通天下。2013 年中国提出“一带一路”倡议，以道路、桥梁、铁路等交通基础设施为重点，以实现“五通”为目标。2021 年6 月 22 日，外交部发言人赵立坚在例行记者会上透露，目前，已经有 140 个国家和 32 个国际组织加入“一带一路”大家庭。“一带一路”在建大型基础设施项目数以千计。2021 年 12 月 3 日，中老铁路全线开通运营，使老挝从陆锁国变成了陆联国，为老挝经济社会发展插上了腾飞的翅膀。世界银行有关报告称，到 2030 年，共建“一带一路”有望帮助全球 760 万人摆脱极端贫困，帮助 3200 万人摆脱中度贫困，成为人类的“减贫之路”“增长之路”，将为人类走向共同繁荣作出积极贡献。

在新冠肺炎疫情冲击下，贫富差距加大，因而需要加强南北合作、南南合作，为最不发达国家、内陆发展中国家的交通基础设施建设提供更多支持，促进共同繁荣。作为全球发展的贡献者和国际公共产品的提供者，2021 年 5 月中国国家主席习近平在全球健康峰会上宣布，未来 3 年内，中国再提供 30 亿美元国际援助，用于支持发展中国家抗疫和恢复经济社会发展。中国将秉持开放、绿色、廉洁理念，推进高质量共建“一带一路”，加强同各国交通基础设施的互联互通，实现各国的共同繁荣。

4. 为全球减贫事业作出巨大贡献

摆脱贫困是一个世界性难题，反贫困是人类共同的使命。2000 年在联合国千年首脑会议上通过的《千年宣言》，为人类的发展确立了一些具体目标，要求在2015年消除极端贫穷，这标志着人类减贫消贫的伟大实践进入到一个崭新的历史阶段，需要全人类携起手来，为完成减贫消贫的战略目标而共同奋斗。中国也把自己减贫消贫的伟大实践融汇到整个世界反贫消贫的澎湃洪流之中，在《国家八七扶贫攻坚计划》取得圆满成功的基础上，开始了彻底根除绝对贫困的伟大实践。党的十八大以来，习近平总书记站在中华民族伟大复兴和人类减贫事业的历史高度，把脱贫攻坚摆在治国理政突出位置，对全面建成小康社会、打赢脱贫攻坚战作出一系列重要部署。在党中央坚强领导下，我国脱贫攻坚力度之大、规模之广、影响之深前所未有，成就举世瞩目，取得了脱贫攻坚战的全面胜利。2020年，现行标准下中国9899万农村贫困人口全部脱贫，832个贫困县全部摘帽，12.8万个贫困村全部出列，区域性整体贫困得到解决，完成了消除绝对贫困的艰巨任务，创造了又一个彪炳史册的人间奇迹。

中国的减贫实践书写了人类反贫困斗争史上“最伟大的故事”，为全球减贫事业贡献了中国智慧和中国方案，赢得了国际社会的高度赞誉。“如果不把中国计算在内，全球贫困人口不但没有减少，反而在增加。”联合国贸易和发展会议去年发表的一份研究报告指出，中国为全球减贫事业作出巨大贡献。世界银行前行长佐利克惊叹：“毫无疑问，这是消除贫困的历史上最大的飞跃。”①

中国减贫取得的成功为世界其他国家提供了有益经验。世界上许多国家正在学习和借鉴中国的成功做法。2018 年 6 月，老挝人民革命党中央总书记、国家主席本扬率老挝党政高层代表团赶赴十八洞村，探寻精准扶贫的中国经验。2019 年 4 月，本扬又走访福建省宁德下岐

① 俞懿春，吕强，丁雪真，等. 书写人类历史上最成功的脱贫故事［N］. 人民日报，2020-08-31（03）.

村，寻找中国扶贫事业取得成功的关键因素。他说道：中共脱贫致富的这些经验和做法对老挝有益，我们将把它运用到老挝的脱贫攻坚工作中去。2019 年 3 月，巴基斯坦正义运动党高级领导人、国民议会副议长卡西姆·苏里到江西省婺源县考察学习扶贫经验，中国共产党对政治建设、思想建设和组织建设等高度重视的做法让他深受触动。他说道，中国扶贫事业的成功离不开中国共产党的领导和中国人民的勤奋拼搏。西班牙共产党主席何塞·路易斯·森特利亚多次参观安徽、重庆等地的扶贫项目，见证了这些地区的脱贫历程。2017 年，乌拉圭广泛阵线主席米兰达率广泛阵线干部考察团访问云南省怒江傈僳族自治州，亲眼看见中国共产党带领人民为摆脱贫困付出的巨大努力和对未来美好生活的积极规划。在村民九者东家，他“吃到了最好吃的土鸡蛋”“听到了最感人的脱贫故事”“留下了最深刻的访华回忆”。美国著名未来学家约翰·奈斯比特认为，从全球背景来看，中国减贫努力对寻求摆脱贫困的新兴经济体具有巨大价值。在联合国秘书长古特雷斯看来，精准减贫方略是帮助贫困人口、实现2030年可持续发展议程目标的唯一途径，“中国经验可为其他发展中国家提供有益借鉴”。①

中国始终不忘回馈国际大家庭，一直是世界减贫事业的积极倡导者和有力推动者。中国设立“中国—联合国和平与发展基金”和“南南合作援助基金”，全面落实南南合作圆桌会上宣布的“100个减贫项目”，在“东亚减贫合作倡议”“中非减贫惠民合作计划”框架下扎实推进合作项目。同时，不断深化联合国2030年可持续发展议程与共建“一带一路”的对接，努力打造减贫和发展新引擎……另外，中国始

① 俞懿春，吕强，丁雪真，等. 书写人类历史上最成功的脱贫故事［N］. 人民日报，2020-08-31（03）.

终关注和帮助生活在饥饿和贫困中的有关国家的人民，通过对外援助、减免债务、增加进口、扩大投资等措施，努力帮助发展中国家特别是最不发达国家增强自身发展能力，在扶贫减贫、疫病防控、难民救助等全球议题上继续贡献智慧和力量，推动建立以合作共赢为核心的新型国际减贫交流合作关系。

其作始也简，其将毕也必巨。中国夺取脱贫攻坚全面胜利、全面建成小康社会，对中国与世界都有着重大而深远的意义，为全人类解决贫困问题提供了范本。

5. 为世界贸易发展作出巨大贡献

2021 年是中国加入世界贸易组织 20 周年。习近平总书记深刻指出："加入世界贸易组织以来，中国不断扩大开放，激活了中国发展的澎湃春潮，也激活了世界经济的一池春水。"这也是对中国推进世界贸易发展所作巨大贡献的生动描述。

中国加入世界贸易组织后，全面履行入世承诺。截至2021年，中国中央政府清理法律法规2300多件，地方政府清理19万多件，覆盖贸易投资、知识产权保护等多方面。中国关税总水平由15.3%降至7.4%，低于9.8%的入世承诺，广泛开放服务市场，推动外资准入门槛持续降低，知识产权保护力度不断加大，形成全方位多层次宽领域的开放格局。

加入世贸组织以来，中国的GDP从2001年的11.1万亿元增至2020年的101.6万亿元，占世界比重由4%增至17.4%；货物出口额从2001年到2020年增长7倍，占世界比重增至14.7%，居全球第一；服务出口额从3243亿元增至19357亿元，增长5倍；利用外资占世界比重增至15%，稳居发展中国家首位。① 中国人

① 李成钢. 这20年，中国与世界共赢［N］. 人民日报海外版，2021-12-10（01）.

民用自己的勤劳和智慧干出了惊天动地的成绩。

加入世贸组织以来，中国对世界贸易发展作出巨大贡献。中国对全球经济增长的年均贡献率接近30%，货物进口额增长6倍；向42个最不发达国家97%的税目提供免关税待遇，成为最不发达国家最大出口市场，吸收了最不发达国家25%的出口①；持续为国际社会提供更多公共产品，积极推动共建“一带一路”，举办进博会、服贸会、消博会等国际盛会……中国加入世贸组织，既发展了自己，也惠及了世界。

三、始终做国际秩序的维护者

中国积极支持国际合作，推进全球治理体系变革。多边主义是维护世界和平、促进全球发

---

① 薛鹏. 入世20年共赢20年. http://www.sohu.com/a/507400265_121107000.

展的有效路径。中方坚定维护以联合国为核心的国际多边体制，坚定维护以《联合国宪章》宗旨和原则为基石的国际关系基本准则，积极参与引领全球治理体系改革和建设，推动现行国际体系朝着更加公正、公平、合理与可持续的方向发展。

1. 力挺联合国核心地位

自觉履行作为联合国成员的义务。自 2019 年起，中国超越日本成为联合国第二大会费出资国，承担起约 12% 的会费比重。中国还是维和经费第二大出资国及安理会常任理事国中派遣维和军事人员最多的国家。联合国秘书长发言人斯特凡·杜加里克曾在 2019 年上半年的一次新闻发布会上，特别向中国足额缴纳 2019 年会费表达感谢。联合国副秘书长阿图尔·哈雷认为，中国已成为联合国维和行动中关键且重要的一员。

坚定维护联合国宪章宗旨和原则。中国作为联合国安理会常任理事国，坚定维护联合国宪章宗旨和原则，特别是维护各成员国家主权平等原则。捍卫这些基本原则的意义在于，促使各国在不把自己的意志和标准强加于他国的前提下维护国际秩序和共同应对全球性挑战。

有效参与联合国安理会事务。中国是国际法的坚定维护者，坚持国家不分大小、强弱、贫富一律平等。正因为如此，中国对世界各国一视同仁、平等相待，尊重其主权和领土完整，不干涉他国内政。

2021 年是中华人民共和国恢复在联合国合法席位 50 周年。半个世纪以来，中国积极倡导国际关系民主化和法治化。习近平主席在第七十六届联合国大会一般性辩论上的讲话中指出："世界只有一个体系，就是以联合国为核心的国际体系。只有一个秩序，就是以国际法为基础的国际秩序。只有一套规则，就是以联合国宪章宗旨和原则为基础的国际关系基本准则。”习近平主席的讲话鲜明地表达出中国对多边主义和国际法的坚守并对联合国作为世界核心地位的维护。

2. 助力解决国际和地区热点问题

中国作为负责任大国，在解决国际和地区热点问题上发挥了越来越重要的作用。中国不仅提出新理念，而且身体力行，以扎实有力的工作推进世界和平、促进全球发展、维护国际秩序，彰显了负责任大国形象。

从 20 世纪 90 年代参与柬埔寨和平进程开始，中国参与解决国际热点问题的热情不断上升，力度逐渐加大。进入新世纪以来，中国先后任命了朝鲜特使、中东特使、苏丹达尔富尔问题特别代表等，参与有关热点问题的解决。

随着中国国力的增强和国际地位的提高，

在推动热点问题的解决过程中，国际社会对中国有较高的期待。一方面，中国作为发展中国家的一员，长期与绝大多数发展中国家保持着友好合作关系。由于热点问题背后常常有西方势力介入，有的甚至是西方霸权主义直接导致的结果，因此广大发展中国家希望中国能仗义执言或将一碗水端平，使问题得到公正合理的解决。另一方面，西方国家往往因为在冲突中偏袒一方或与相关方交恶，得不到当事国的信任或对当事国政府已无多大影响力，他们希望借助中国与当事国的密切关系，通过中国向当事国施加影响，推动问题取得进展。

推动热点问题的解决不但符合国际社会的共同利益，也符合中国自身的利益。现阶段中国外交的一项重要任务，就是为实现中华民族伟大复兴营造良好的外部环境。许多热点问题的恶化或升级，将给中国与其他国家和地区的经贸合作带来消极的影响，而朝核、缅甸、阿富汗等问题的发展还直接影响着中国周边的稳定。

3. 致力于建设开放型世界经济

在首届中国国际进口博览会开幕式主旨演讲中，习近平主席把握历史大势、着眼人类未来，深入阐释了进口博览会的重大意义，明确提出了“坚持开放融通，拓展互利合作空间”“坚持创新引领，加快新旧动能转换”“坚持包容普惠，推动各国共同发展”等主张，目的就是希望各国都积极推动开放合作，推动建设开放型世界经济，实现共同发展。①

近年来，国际局势风云诡谲，单边主义、保护主义逆风再起，给国际贸易乃至全球经济带来严峻挑战。对此，中国坚定捍卫多边主义

---

① 人民日报评论员. 推动建设开放型世界经济：论习近平主席在首届中国国际进口博览会开幕式上主旨演讲［N］. 人民日报，2018-11-06（03）.

和国际贸易规则，从未动摇。以世界贸易组织为核心的多边贸易体制是国际贸易的基石，为推动全球贸易发展、建设开放型世界经济、增进各国人民福祉发挥了中流砥柱作用。

近年来，中国高举开放合作的大旗，不仅在世贸组织、二十国集团等多边场合坚决捍卫多边主义和全球经济治理的基本原则，而且采取一系列主动扩大开放的举措，切实践行建设开放型世界经济的理念。从加入世贸组织到共建“一带一路”，中国开放胸襟、拥抱世界，为促进世界经济贸易发展、增加全球民众福祉作出了重大贡献，成为世界经济的主要稳定器和动力源。

四、始终做促进文明交流互鉴的践行者

1. 维护文明多样性

文明多样性是人类社会的基本特征。中国

人在2000多年前就认识到了“物之不齐，物之情也”的道理。当今世界有70多亿人口，200多个国家和地区，2500多个民族，5000多种语言。人类在漫长的历史长河中，创造和发展了多姿多彩、各有千秋的文明。如何对待世界文明多样性？社会学家费孝通先生提出“各美其美、美人之美、美美与共、天下大同”的方案，这显然是基于中华优秀传统文化中的“和而不同”理念。这种相互尊重的态度也是中国共产党人的态度。习近平总书记提出：“丰富多彩的人类文明都有自己存在的价值。要理性处理本国文明与其他文明的差异，认识到每一个国家和民族的文明都是独特的，坚持求同存异、取长补短，不攻击、不贬损其他文明。”①

① 习近平. 在纪念孔子诞辰2565周年国际学术研讨会暨国际儒学联合会第五届会员大会开幕会上的讲话［N］. 人民日报，2014-09-25（02）.

2. 弘扬全人类共同价值

当今世界，人类面临诸多的共同问题与挑战。新冠肺炎疫情以一种紧迫的方式再次证明，各国利益休戚相关、命运紧密相连。人类社会需要携起手来，摒弃狭隘思维，从全人类共同价值出发，团结一致寻找应对之策。习近平总书记强调，我们要本着对人类前途命运高度负责的态度，做全人类共同价值的倡导者，以宽广胸怀理解不同文明对价值内涵的认识，尊重不同国家人民对价值实现路径的探索，把全人类共同价值具体地、现实地体现到实现本国人民利益的实践中去。[①] 这充分体现中国共产党胸怀天下大局，始终做文明交流互鉴倡导者的鲜明态度和坚定决心。

首先，和平与发展是我们的共同事业。

---

① 习近平. 加强政党合作共谋人民幸福［N］. 人民日报，2021-07-07（02）.

和平犹如空气和阳光，受益而不觉，失之则难存。发展是世界各国的自然权利。没有发展，人类必然走向衰亡。因此，和平与发展是人类的永恒期望，是世界各国的共同事业。

维护和平是世界各国都应该肩负起来的责任。人类是一个整体，地球是一个家园。任何人、任何国家都无法独善其身。人类应该和衷共济、和合共生，致力于建设一个和平的美好世界。中国外交的基本目标就是寻求与世界各国和平共处。中国国际战略与外交政策传承中华优秀文化精神，追求天下大同。《中国共产党章程》中明确指出，中国共产党应维护世界和平，促进人类进步，推动构建人类命运共同体，这一主张是新时代坚持和发展中国特色社会主义的基本方略之一，已成为中国特色大国外交的旗帜，也成为当代中国的责任与使命。

谋和平求发展是各国人民的共同愿望和基本权利。各国国情不同，但都具有发展的共性。

世界各国都需要更高质量、更有效率、更加公平、更可持续、更为安全的发展，需要破解发展不平衡不充分问题，需要提高发展的平衡性、协调性、包容性。中国的发展为世界其他国家的发展提供了可以借鉴的经验。以人民为中心的发展思想是中国发展成功之道，也是许多国家要学习和借鉴的经验。这就是，要增强人民发展能力，形成人人参与、人人享有的发展环境，创造发展成果更多更公平惠及每一个国家每一个人的发展局面。

其次，公平正义是我们的共同理想。

公平正义是社会主义核心价值观，也是中国始终坚持的国际交往原则。新中国外交非常注重国际公平正义价值的倡导，并为构建更加公正的国际新秩序付出了持之以恒的努力。中国强调基于平等正义的国际政治交往原则和基于公平正义的国际经济交往原则，为弘扬全人类共同价值作出了自己的贡献。

（1）基于平等正义的国际政治交往原则

国与国之间的地位平等是国际法所确认的。中国强调主权国家地位平等既是中国自身争取国际地位的主要目标，也符合《联合国宪章》的基本精神。《联合国宪章》第二条第一款明确规定："本组织系基于各会员国主权平等之原则。"第二条中还明确规定："各会员国在其国际关系上不得……以与联合国宗旨不符之任何其他方法，侵害任何会员国或国家之领土完整或政治独立。"中国对平等正义的主张主要包括三个方面的内容：一是各国政治地位的平等。在国与国交往中，或者在参与处理国际公共事务中，各国拥有相同的权利，同时也承担相应义务，权利和义务相对等。国家的这种政治平等地位不因国家的大小、强弱、贫富而有区别。二是各国的生存发展权平等。各国的生存权和发展权是一项不可剥夺的天然权利。这就如同个人的人权一样，个人的生存和发展是基本的人权。没有生存和发展权利的人和国家都不可能存在。中国强调各国拥有选择符合本国发展道路的自然权利，这项权利是不容他国置喙的。另外，就国家和个人两方面在这项权利的关系上，中国主张国家的生存发展权优先于个人的权利。这是中国的文化传统和社会制度所决定的。国家的生存发展权可以成为“国权”，个人的生存发展权可以成为“人权”。邓小平同志强调：“像我们这样第三世界的发展中国家，没有民族自尊心，不珍惜自己民族的独立，国家是立不起来的。”① 三是对国际事务的独立表达权。既然各主权国家具有政治平等地位，那么，它就有权在处理国际公共事务时发表本国的意见和主张。

（2）基于公平正义的国际经济交往原则

公平正义是平等正义在国际经济领域的合

① 邓小平文选（第3卷）［M］．北京：人民出版社，1993：331．

理化延伸，也是公认的国际交往准则。由于自然和人文等方面的原因，我们生活的这个星球仍然有违公平正义的现状。贫富差距大是其中最突出的表现。曾有报告指出，世界上一半的居民平均每天收入为 2 美元，这其中还有约 10 亿人的收入甚至低于每人每天 1 美元。可是，美国最富有的三个人的财富与最贫穷的 48 个国家的总收入相当，美国 400 位亿万富翁的财富相当于世界人口的一半的收入。

没有公平正义，世界经济和国际秩序必将处于无序状态。从不公事件的起源看，受害的对象是弱国和穷国，但是，“蝴蝶效应”规律会把影响扩散到整个人类。世界各国是一个命运共同体，唇亡齿寒。自 2010 年底爆发阿拉伯之春后发生的困扰欧洲多年的难民危机就是典型的例子。因此，如何构建公平正义的国际新秩序是很多人都在思考的问题。

中国是国际公平正义的维护者和建设者。

中国为构建更加公平的世界新秩序做了大量卓有成效的工作。针对国际不公的种种情况，中国适时提出全球治理的中国方案。中国积极维护发展中国家正当权益，为发展中国家的利益发声。中国本身属于发展中国家。在现有国际秩序中，发展中国家的话语权小。中国作为新兴大国，主动就国际规则问题提出中国的构想和建议，担当起负责任大国应起的作用。①

再次，民主自由是我们的共同追求。

民主自由是中国特色社会主义核心价值观，是中国人民矢志不移的价值追求。

民主具有多样性，世界上没有放之四海而皆准的民主模式。因此，要尊重各国人民自主选择的民主发展道路。中国从民主的真谛出发，立足自身实际和文化传统，探索出人民当家作主的中国特色社会主义民主之路，“全过程人民

① 姜述贤．“公平正义”理念和中国外交理论的价值观[J]．当代世界，2014（4）：62-64.

民主”创造了新的人类政治文明形态。中国的民主路径，是以政党领导人民建立新国家，确立人民当家作主制度，开启国家现代化进程。作为“使命型政党”，中国共产党的领导使亿万人民凝聚为一个有机整体，解决了落实人民主权的“超大规模民主难题”。

民主和自由紧密相连。只有在人民当家作主的民主政治条件下，自由的价值才可能实现。新中国民主自由人权的发展提供了生动例证。中国共产党领导人民建立了新中国，中国人民实现了从站起来到富起来，再到强起来的伟大飞跃，过上了真正自由的生活。一组最新的数据完全可以说明这一点①。

14亿中国人彻底摆脱了绝对贫困，正迈步奔向共同富裕；

---

① 秦刚. 秦刚大使在卡特中心和乔治·布什美中关系基金会联合举办的对话会上的演讲. [EB/OL]. https://www.fmprc.gov.cn/ce/ceus/chn/zmgx/t1908978.htm

中国已成为世界第二大经济体、第一大贸易国，每年为世界经济增长贡献率超过30%；

每天，1.6万户企业在中国诞生，每天，120多家新的外商企业赶往中国这个世界最大消费市场和第一大投资目的地；

几乎每个中国人都享有基本医疗保险、基本养老保险；

……

绿色低碳成为新时尚，中国人驾驶着全球50%的新能源汽车奔驰在全世界里程最长的高速公路网上；

十分之一的中国人走出国门看遍大千世界；

……

十亿中国网民通过网络了解天下信息，进行交流，表达观点；

中国已签署26项国际人权公约和文书；

中国有效控制住新冠肺炎疫情，超过11亿中国人完成疫苗接种，中国已向100多个国家和

组织提供了疫苗，今年全年将对外提供20亿剂。

可见，中国共产党的百年奋斗史就是带领中国人民努力实现民主自由的历史，并取得了巨大成效。中国共产党人致力于实现人民民主和自由的生动实践为弘扬全人类共同价值提供了可以借鉴的四条原则[①]：实践原则——民主的有效性必须通过能否解决绝大多数人实际问题的实践来检验和完善；自主原则——民主自由人权的路径选择必须基于本国国情，外部强加的所谓“民主改造”贻害无穷；时序原则——促进民主、维护自由、保障人权需要循序渐进，不能超越社会发展阶段搞狂飙突进；过程原则——民主自由人权的追求止于至善，没有最好，只有更好。

---

① 新华社国家高端智库课题组．全人类共同价值的追求与探索．[EB/OL]．https://theory.gmw.cn/2021-12/16/content_35385639.htm.

3. 加强文明对话交流

文明之间应该秉持相互尊重的态度，不应该相互隔膜、相互排斥、相互取代。一种文明如果居高临下对待另一种文明，那不仅不能参透这种文明的奥妙，不能了解这种文明的真谛，不能借鉴这种文明的长处和精华，而且会与之格格不入，甚至产生冲突和对抗。长期以来，中国积极倡导和扩大参与世界范围的文明对话交流。习近平总书记多次强调，要坚持求同存异、取长补短，不攻击、不贬损其他文明。不要看到别人的文明与自己的文明有不同，就感到不顺眼，就要千方百计去改造、去同化，甚至企图以自己的文明取而代之。历史反复证明，任何想用强制手段来解决文明差异的做法都不会成功，反而会给世界文明带来灾难。中国在促进不同文明交流方面做了很多有益的工作，为世界的文明进步作出了重要贡献。

大力促进中外文化交流。马克思主义世界历史观认为，人类社会最终将从各民族的历史走向世界历史。文化是沟通人与人心灵和情感的桥梁，是国与国加深理解和信任的纽带。作为中国独立自主的和平外交政策的重要组成部分，对外文化交流始终坚持以增进民众对中国的理解、沟通民众的感情为目的，在文化的交流借鉴与合作发展中，努力向世界真诚、真实地展示一个有着悠久历史和灿烂文化，同时又充满活力、开放自信的中国，一个改革发展、文明进步、倡导构建人类命运共同体的中国。党的十八大以来，中华文化走出去的广度和深度不断增强，大力提升了中华文化的亲和力和感召力，让世界对朝气蓬勃的东方文明大国有了更多的了解。

举办亚洲文明对话大会。2019 年 5 月 15 日，亚洲文明对话大会在中国北京开幕。来自亚洲全部 47 个国家和世界其他国家及国际组织的1352位会议代表共同出席大会。[①] 本次亚洲文明对话大会，聚焦亚洲文明交流互鉴与命运共同体的主题，旨在传承弘扬亚洲和世界各国璀璨辉煌的文明成果，搭建文明互学互鉴、共同发展的平台，增强亚洲文化自信，促进亚洲协作互信，凝聚亚洲发展共识，激发亚洲创新活力，为亚洲命运共同体和人类命运共同体建设提供精神支撑。本次会议达成广泛共识并发表了《亚洲文明对话大会2019北京共识》。该共识的内容如下：[②]

我们认为，亚洲先辈们共同创造了璀璨的文明成果，让人类的精神世界更加多彩，物质生活更加丰富，制度样本更加多元。当前，亚洲文明在开放中交流、在互鉴中发展，亚洲文明之花正在世界文明百花园中绚烂绽放。亚洲

---

① 亚洲文明对话大会2019北京共识（全文）. http：//www.xinhuanet. com/world/2019-05/24/c_ 1124539189. htm.

② 亚洲文明对话大会2019北京共识（全文）. http：//www.xinhuanet. com/world/2019-05/24/c_ 1124539189. htm.

人民应当树立起高度的文明自信，努力续写亚洲文明新的辉煌。

我们看到，当今世界正处于大发展大变革大调整时期，和平与发展仍然是时代主题。同时，人类面临的各种全球性挑战更加严峻。应对这些挑战，既需要经济的力量、科技的力量，也离不开文化的力量、文明的力量。举办亚洲文明对话大会，为促进亚洲乃至世界各国文明加强平等对话、交流互鉴、共同发展，提供了一个广阔新平台。

我们认为，文明多样性是世界的基本特征，每种文明都有其独特魅力和深厚底蕴，都是人类的精神瑰宝。不同文明之间应当相互尊重、包容互鉴，在历史的启迪和现实的昭示中，以多样共存超越文明优越，以和谐共生超越文明冲突，以交融共享超越文明隔阂，以繁荣共进超越文明固化，共同谱写“各美其美、美美与共”的文明华章。

我们认为，一个和平安宁、共同繁荣、开放融通的亚洲和世界，是各国人民对美好生活的共同向往。文明交流互鉴是推动人类社会进步和世界和平发展的重要动力，对于构建人类命运共同体具有重要意义。应加强不同国家、民族、文化之间的沟通对话，增进相互理解、彼此信任和人民友谊，夯实共建亚洲命运共同体和人类命运共同体的人文、社会、民意基础。

我们希望，亚洲和国际社会以本次亚洲文明对话大会为新的起点，开展更广泛、更深入的文明对话，进一步拓展多样化的交流机制和多层次的对话平台；坚持在继承中不断发展，薪火相传，与时俱进，用创新发掘文明发展动力，充分激活文明进步的源头活水；加强各国在文化、旅游、教育、媒体、智库、卫生和民间交往等领域的合作，守望相助、团结共进，为亚洲和世界的和平发展注入智慧和力量，共同创造亚洲文明和世界文明的美好未来。

我们高度赞赏中方为推动文明对话作出的重要贡献，衷心感谢中方为举办本次大会作出的巨大努力，愿与中方一道共同推动世界不同文明间的交流互鉴。

4. 促进文明发展繁荣

在历史的长河中，中华文明与世界其他文明有冲突、矛盾、疑惑、拒绝，但更多的是学习、消化、融合、创新。现如今，世界上一些有识之士认为，包括儒家思想在内的中国优秀传统文化中蕴藏着解决当代人类发展难题的重要启示，可以为人们认识和改造世界提供有益启迪，可以为治国理政提供有益启示，可以为道德建设提供有益启发，可以为调理社会关系和鼓励人们向上向善提供思想指引。党的十八大以来，习近平总书记多次指出，我们要“不忘本来才能开辟未来，善于继承才能更好创新。”中华文明经历了 5000 多年的历史变迁，但始终一脉相承，积淀着中华民族最深沉的精神追求，代表着中华民族独特的精神标识，为中华民族生生不息、发展壮大提供了丰富滋养。中华民族伟大复兴的中国梦的实现，将推动物质文明和精神文明比翼双飞、均衡发展、相互促进，使中华文明按照时代进步的要求，在继承的基础上，不断创造性转化和创新性发展，释放深藏的旺盛生命力，同世界各国人民创造的丰富多彩的文明一道，为人类提供正确的精神指引和强大的精神动力。

人类历史是一幅不同文明相互交流、彼此借鉴、和合融通的宏伟画卷。世界各种文明因包容才有交流互鉴的动力，因交流互鉴才变得更加丰富多彩。任何一种文明，不管它产生于哪个地区、哪个国家、哪个民族的社会土壤之中，都是流动的、开放的，都是在同其他文明的交流交融中发展、演化成今天的形态。习近平总书记指出，我们对人类社会创造的各种文明，都应该采取学习借鉴的态度，都应该积极吸纳其中的有益成分，使人类创造的一切文明中的优秀文化基因与当代文化相适应、与现代社会相协调，把跨越时空、超越国度、富有永恒魅力、具有当代价值的优秀文化精神弘扬起来。这样，人类文明才能充满生命力，不断创造性转化和创新性发展；世界文明之园才能变得万紫千红、生机盎然，不仅不存在所谓的“文明冲突”，相反可以实现和谐共存。

文明如水，润物无声。文明交流互鉴，是增进各国人民友谊的桥梁、推动人类社会进步的动力、维护世界和平的纽带、打造人类命运共同体的重要思想基础。不同文明彼此兼收并蓄，互学互鉴，就能丰富人类文明的色彩，为人类提供共同的精神支撑和心灵慰藉，让世界各国人民享受更富内涵的精神生活、开创更有选择的美好未来，推动人类汇聚智慧和携手应对共同面临的各种挑战，实现各国共同发展、共享繁荣。

五、始终做共建美丽地球家园的引领者

作为世界上最大发展中国家,中国一直积极承担与自身发展水平相称的国际责任，高标准履行气候变化、生物多样性等环境相关条约义务，并在此基础上不断设立新目标、作出新承诺。

1. 实施“史上最严”的环境保护法

2018 年，在全国人大通过的《中华人民共和国宪法修正案》中，“生态文明”正式写入宪法。党的十八大以来，中国生态环境发生的历史性变化和取得的历史性成就，使“中国绿”成为全面小康最亮丽的底色。

新时代，党中央计谋当代，运筹万世，着眼于中华民族的永续发展，以法治理念、法治

方式推动生态文明建设，实施“史上最严”的环境保护法，制定修订一系列法律法规，基本形成生态环境法律法规框架体系，基本实现各环境要素监管主要领域全覆盖，环境保护公众参与制度进一步完善，环境信息公开力度持续加大，公众参与环境决策和监督、投诉、举报环境违法行为的机制更加完善，民众环保意识不断增强，形成全民参与生态环境保护的新局面。14 亿多中国人民是绿色发展的受益者，更是生态文明的建设者。

中国共产党坚持统筹全局的系统生态观。在生态保护和治理方面始终坚持系统观念，坚持节约优先、保护优先、自然恢复为主，统筹山水林田湖草沙冰一体化保护和系统治理，增强生态系统整体性，完善自然保护地、生态保护红线监管制度，筑牢国家生态安全屏障，促进生态环境持续改善，让中华民族在绿水青山中永续发展。截至 2020 年底，全国森林覆盖率达到 23.04%，草原综合植被覆盖度达到 56.1%，湿地保护率达到 50%以上。国家森林城市创建持续推进，截至 2019 年 11 月，全国已有近 400 个城市开展了国家森林城市建设，“让森林走进城市，让城市拥抱森林”逐渐成为现实。

中国共产党严格划定生态底线源于对世界和人类可持续发展的责任感。生态兴则文明兴，生态衰则文明衰。人类文明兴替史的无数教训，无不证明了这一真理。中国大力加强生态环境治理，成为世界生态文明建设的重要力量。

2. 积极推动全球生态治理目标实现

良好的生态环境是全球实现可持续发展的重要前提和基础保障。作为全球第二大经济体，我国生态文明建设的发展必然会受到全球生态文明建设整体进程的影响。“清洁美丽世界”提倡的是一种绿色、低碳、循环、可持续的生产生活方式，是习近平总书记提出的人类命运共同体理念的重要一环，为各国在生态文明领域的建设提供了新的国际交往方式。

中国共产党主张在各国间建立平等互助的合作关系，坚定不移地推动全球生态治理目标实现。中国为推动绿色“一带一路”建设采取了一系列积极行动，并创造性地提出了构建“1+2+3”合作格局的战略设想。[①] 2019 年4 月，

① “1+2+3”合作格局，由国家主席习近平2014 年 6 月 5 日在中国-阿拉伯国家合作论坛第六届部长级会议上提出。“1”是以能源合作为主轴，深化油气领域全产业链合作，维护能源运输通道安全，构建互惠互利、安全可靠、长期友好的中阿能源战略合作关系。“2”是以基础设施建设、贸易和投资便利化为两翼。加强中阿在重大发展项目、标志性民生项目上的合作，为促进双边贸易和投资建立相关制度性安排。中方将鼓励中国企业自阿方进口更多非石油产品，优化贸易结构，争取中阿贸易额从 2013 年的 2400 亿美元在未来 10 年增至 6000 亿美元。中方将鼓励中国企业投资阿拉伯国家能源、石化、农业、制造业、服务业等领域，争取中国对阿非金融类投资存量从 2013 年的 100 亿美元在未来 10 年增至 600 亿美元以上。“3”是以核能、航天卫星、新能源三大高新领域为突破口，努力提升中阿务实合作层次。双方可以探讨设立中阿技术转移中心，共建阿拉伯和平利用核能培训中心，研究中国北斗卫星导航系统落地阿拉伯项目。

“一带一路”绿色发展国际联盟正式成立，充分体现了中国政府愿与各方携手，坚持不懈地进行生态治理与环境保护的决心以及作为全球第二大经济体的大国自信，更为“一带一路”沿线国家（地区）提供了良好的学习借鉴机会。此外，环境保护部、外交部、国家发改委、商务部于2017年5月联合发布了《关于推进绿色“一带一路”建设的指导意见》，系统阐述了建设绿色“一带一路”的重要意义，要求以和平合作、开放包容、互学互鉴、互利共赢的“丝绸之路精神”为指引，牢固树立创新、协调、绿色、开放、共享发展理念，坚持各国共商、共建、共享，遵循平等、追求互利，全面推进“政策沟通”“设施联通”“贸易畅通”“资金融通”和“民心相通”的绿色化进程。由此可见，以习近平同志为核心的党中央在推进世界各国在生态文明领域的平等对话和务实合作过程中，始终秉持平等互助的合作观，充分展现了中国的大国风范以及实现全球生态治理目标的决心。

为推动全球生态文明建设，习近平主席曾多次出席生态文明建设领域国际活动及会议，并就推动全球生态文明建设发表重要讲话。他在致生态文明贵阳国际论坛2013年年会的贺信中，明确表示将继续承担应尽的国际义务，同世界各国深入开展生态文明领域的交流合作，推动成果分享，携手共建生态良好的地球美好家园。当前，以美国为首的西方国家在全球治理活动中仍占据相对优势地位，中国政府在充分认识这一国际形势的基础上，主动提出加强与西方国家尤其是美国在环保领域的交流合作。例如，2015年9月，习近平主席在中美省州长论坛上表示，中美“两国地方环保领域交流合作理应成为中美合力应对气候变化、推进可持续发展的一个重要方面”①。在第七十届联合国

① 习近平. 在中美省州长论坛上的讲话［N］. 光明日报，2015-09-24（2）.

大会一般性辩论中，习近平主席再次强调了国际合作在全球生态文明建设以及可持续发展中的重要意义。① 同时，为推动《巴黎协定》早日生效和全面落实，中国也始终坚持节约资源和保护环境的基本国策，全面推进节能减排和低碳发展。

作为全球最大的发展中国家，中国高度重视和其他发展中国家的国际合作。中国政府主动提出依托构筑气候变化南南合作基金等方法来为其他发展中国家提供帮助，共同应对气候变化，向小岛屿国家提供帮助，提供节能环保物资以及可再生能源设备，并且合作进行地震海啸预警以及海平面监测等。从 2016 年起中国政府启动在发展中国家开展 10 个低碳示范区、100 个减缓和适应气候变化项目及 1000 个应对

---

① 习近平. 携手构建合作共赢新伙伴 同心打造人类命运共同体：习近平在第七十届联合国大会一般性辩论时的讲话［N］. 人民日报，2015-09-29（02）.

气候变化培训名额的合作项目，持续推进清洁能源、防灾减灾、生态保护、气候适应型农业、低碳智慧型城市建设等领域的国际合作，充分体现了中国对全球生态治理的贡献。截至 2020 年 10 月，中国已经与多个国家签订了气候变化合作备忘录，其中包括与 34 个发展中国家签订的 37 份气候变化南南合作谅解备忘录，并通过举办 45 期的气候变化南南合作培训班，为超过 120 个发展中国家培养了 2000 余名气候变化技术人员、官员。①

3. 提出全球生物安全治理中国倡议

随着全球化进程的不断推进，世界各国都在不同程度上面临着生物安全问题，尤其是在新冠肺炎疫情席卷全球的紧迫时期，国际社会更是愈发认识到了生物安全的重要性。

---

① 王新萍，龚鸣等. 共谋全球生态文明建设［N］. 人民日报，2020-12-26.

就当前形势来看，生物威胁来源逐渐向多样化转变，且威胁边界也逐渐从局部区域向多区域扩张，由此进一步威胁到了国家安全和战略利益。在此背景下，中国作为负责任的大国，在推动疫情防控的斗争中发出了构建人类卫生健康共同体的倡议，牵头设立了生物安全国际大科学计划，有效提升了全球生物安全防控能力。

2021 年 9 月，在瑞士日内瓦召开的《禁止生物武器公约》生物科技审议专题会议上，中方介绍了《科学家生物安全行为准则天津指南》（以下简称《天津指南》）。这是全球生物安全治理领域首个以中国地名命名、以中国倡议为主要内容的国际倡议，得到国际社会积极回应和支持。《天津指南》强调，生物科学领域的进步增进了人类福祉，但也可能被滥用。指南遵循《禁止生物武器公约》原则，从道德基准、法律规范等方面提出相关行为准则，以加强全球生物安全治理和国际合作，将生物安全风险及危害降到最低。

生物安全无国界，中国将与国际社会一道，继续秉持人类命运共同体理念，统筹发展和安全，深入参与全球生物安全治理，贡献中国智慧，提出中国方案，不断提升全球生物安全水平，促进普遍安全和共同发展。

结束语

推动历史车轮向着光明的目标前进

推动历史车轮向着光明的目标前进，是中国共产党人矢志不渝的努力方向。

当今世界处于百年未有之大变局，各种新风险、新挑战层出不穷，不稳定不确定因素增加，需要国际社会加强合作，团结应对。人类文明已经不允许有“弱肉强食”的“丛林法则”。20 世纪两次世界大战的空前浩劫给了人类以深刻的教训。在全球化深入发展、全球性挑战日益增多的今天，中国共产党人以宏大的历史观和宽广的全球视野，做出世界正处于百年未有之大变局、和平与发展仍是时代主题等重大战略判断，描绘了人类命运共同体的光明前景，为推动历史车轮向着光明的目标前进提供了高瞻远瞩的方向判断和目标指引。

推动历史车轮向着光明的目标前进，需要各国一道构建人类命运共同体。中国共产党人倡导的人类命运共同体理念反映了人类社会共同价值追求，汇聚了各国人民对和平、发展、繁荣向往的最大公约数，为推动历史车轮向着光明的目标前进提供了富有智慧的路径设计和实施方案。

推动历史车轮向着光明的目标前进，中国不仅提出路径方案，而且身体力行、付诸实践。中国坚持走和平发展道路，始终做多边主义的维护者，秉持共商共建共享理念，推动共建“一带一路”高质量发展，以中国的新发展为世界提供新机遇。中国举办亚洲文明对话大会、中国国际进口博览会等国际活动，为各国交流互鉴、平等互利搭建新平台，积极为国际安全提供公共产品，在应对气候变化、重大流行性疾病、恐怖主义等全球性重大挑战时展现大国担当，为世界作出了实实在在的贡献。

习近平总书记指出：“世界历史发展告诉我们，人类文明进步历程从来没有平坦的大道可走，人类就是在同困难的斗争中前进的。”中国共产党人清醒地看到，当今世界仍不太平，仍然面临诸多挑战。有些国家为了一己私利，试图破坏世界和平与发展的大势，他们在热点地区煽风点火，在疫情期间挑拨离间，在舆论场上造谣抹黑，在国际关系里居高临下，在历史潮流中大开倒车。然而，这些国家逆潮流而动的行为最终只会搬起石头砸自己的脚，最终必然让他们自己陷入更加孤立和悲惨的境地。

时代潮流浩浩荡荡，历史车轮滚滚向前。新时代的中国，在中国共产党的坚强领导下，顺应时代趋势，不惧任何挑战，沿着既定的“人间正道”奋勇前行，一方面，坚定不移地向着第二个百年目标不断迈进，另一方面，又以“立己达人”的宽阔胸襟，与世界人民一道，将为人类进步不断作出新的更大的贡献。

后　记

坚持胸怀天下作为百年大党的宝贵历史经验，明确标识出中国共产党为人民谋幸福、为民族谋复兴、为世界谋大同的历史、现实和未来。这是中国共产党从人类发展大潮流、世界变化大格局、中国发展大历史的高度认识和处理同外部世界关系的深刻总结，也是党继续为人类文明进步贡献智慧和力量的重要宣示。当前，坚持胸怀天下的思想渊源、时代要求、历史脉络、目标任务以及实践路径已经明晰。“青山一道同云雨，明月何曾是两乡。”人类是一个命运共同体。让我们携起手来，站在历史正确的一边，站在人类进步的一边，为实现世界永续和平发展，为推动建设一个更加美好的世界而不懈奋斗！

本书由中共湖南省委党校（湖南行政学院）文史教研部组织编撰完成。文史教研部伍先禄教授任主编，负责拟定全书的框架和章节。文史教研部周觅、陈琼瑛两位老师担任副主编，负责统稿与校对。书稿写作的具体分工如下：第一章由伍先禄撰写，第二章由刘艺撰写，第三章由周觅撰写，第四章由陈琼瑛撰写，第五章和结语由伍先禄撰写。

在本书的写作过程中，我们得到了曹建华、蔡文辉、刘艺等领导的指导和帮助，刘艺副校（院）长还亲自参与了本书的写作；湖南教育出版社对本书的出版给予了大力支持，责编邹楚林同志对本书的编辑和校对付出了大量辛勤的劳动；我们还参阅了一些文献资料，吸收了学术界的相关研究成果，在此一并表示衷心的感谢！

由于编撰者水平有限，书中难免有疏漏和偏颇之处，敬请读者以及各位同行批评指正！

伍先禄

2022 年 1 月

图书在版编目(CIP)数据

制胜之道. 坚持胸怀天下 / 曹健华总主编. —长沙：湖南教育出版社，2022. 2
ISBN 978 - 7 - 5539 - 8762 - 0

Ⅰ. ①制… Ⅱ. ①曹… Ⅲ. ①中国共产党—党的建设—研究 Ⅳ. ①D26

中国版本图书馆 CIP 数据核字（2022）第 031980 号

书　　名	制胜之道 · 坚持胸怀天下 ZHISHENG ZHI DAO · JIANCHI XIONG HUAI TIANXIA
总 主 编	曹健华
本册主编	伍先禄
责任编辑	邹楚林
责任校对	吴　斌
装帧设计	杨发凯
出版发行	湖南教育出版社(长沙市韶山北路 443 号)
网　　址	www.hneph.com
电子邮箱	hnjycbs@ sina.com
客服电话	0731 - 85486979
经　　销	湖南省新华书店
印　　刷	长沙超峰印刷有限公司
开　　本	787 mm×1092 mm　32 开
印　　张	9
字　　数	102 000
版　　次	2022 年 2 月第 1 版
印　　次	2022 年 2 月第 1 次印刷
书　　号	ISBN 978 - 7 - 5539 - 8762 - 0
定　　价	35. 00 元